Resilience
for Leaders

昆 正和
Kon Masakazu

リーダーのための
レジリエンス
11の鉄則

11 Inviolable Rules
of Resilience
for Leaders

Discover

はじめに

世の中には、「どうすればあのようになれるのだろう？」と思えるような強い精神の持ち主がいる。たとえば仕事で大きなミスをやらかし、社長からきびしく叱責される。にもかかわらず翌日には何事もなかったかのように笑顔で出社し、元気よく仕事をこなす人がいる。プロジェクトがつまずき、メンバーたちの間に深い諦めムードが広がるなか、黙々と成功の機会を狙って試行錯誤を繰り返し、周囲を説得し続けるリーダーがいる。

こうした人々には、ある共通した特徴が見られる。それは「レジリエンス」を持っていることだ。レジリエンスとは「回復力」「適応力」の意で、一言でいえば「逆境を乗り越える心の力」のことである。

本書は、このレジリエンスという力を、粘り強いビジネスパーソンの育成や、さまざまな危機を乗り越える組織力に活かすための考え方を提案する本である。

レジリエントな（レジリエンスを身につけた）個人は、現状を、未来を、自分の意志と行動力で変えられると考える。たとえ途中でつまずいても、それによって自分を貶めたり、人のせいにしたりはしない。気持ちを切り替え、現実を見据えて目標に向かって着々と歩むことができる。

レジリエントなリーダーは、「言葉」に気を配る。パワーではなく、理解と調整力で周囲を巻き込み、目標を達成させる。固定観念にとらわれず、ポジティブで、問題を解決する能力がある。

レジリエントなチームは、ゆるぎない目標を共有している。その目標達成のために自分ができること、できないことを見定める。たとえ自分の力量を超えたミッションであっても、それをメンバー同士で補完し、シナジーを生みだす力にする。

本書はPart1とPart2に分かれている。

Part1ではレジリエンスの基礎知識と、これを身につけるための方法を説く。

第1章では、レジリエンスという力がどのように捉えられ、理解されているのかを、心理学だけでなく自然界やモノの仕組みなどさまざまな世界から見出す。また、他の新しい思想と同様、レジリエンスもいくつか誤解されている面やあいまいな部分があるので、このあたりについても整理し、筆者なりの見解を述べる。

第2章。レジリエンスを獲得するための最小単位は個人である。ここでは、私たち一人ひとりがレジリエンスを獲得するために必要な要素を解説するとともに、具体的な身につけ方について解説している。レジリエンスの要素は誰もが知っている馴染みのあるものだ。けっして敷居は高くない。

Part2は多種多様なビジネスの危機にレジリエンスがどう役立つかを述べる。

企業経営はたえず競争と変化に曝されている。安定、安泰とは無縁の世界だ。ビジネスを成功に導く鍵は、突き詰めれば人の力である。ここではレジリエンスという人間力を活かして、さまざまな危機から脱する方法について考察する。

第3章では、ビジネスパーソンが直面する個人の危機、つまりストレスやメンタル面での危機を踏まえ、レジリエンスの活かし方を考える。

第4章。ここでは半個人、半組織的な活動におけるレジリエンスを考える。テーマは「交渉」と「チームワーク」である。とくに後者はリーダーとチームメンバー各個人の能力よりも、相互調和的な関係がレジリエンスを高めることを説いている。

第5章では、経営を揺さぶるいくつかの危機的事態を取り上げる。このような状況下では組織の本性が現われる。うまく機能しないときというのは、不可抗力よりも、組織そのものに問題があることが多い。ここでは、レジリエンスを発揮できる組織とそうでない組織との違いなどにも焦点を当てている。

Part1の各章には《本章のまとめ》を、Part2の各章には本書のタイトルにある《鉄則のまとめ》を、それぞれ最後に掲載した。

社会がはげしい競争や変化に曝されている今日、その反動からくる個人の不安やストレスには根深いものがある。これは無力感や疎外感を生む。おまけにＩＴを通じて大量の情報に囲まれるようになった今日、よくも悪くも一人ひとりの価値観が多様化し、集団としての目標達成を阻害する原因となっている。そしてこれが、個人や組織に危機のつけ入る隙を許してしまうのだ。

このような状況を少しでも改善するためには、私たちの心の底でねむっているレジリエンスの本能を呼び覚まし、それを意識的にマネジメントする実践性ある方法を提案することこそが重要であると考える。本書のキモもまさにこの部分にあるといってよいだろう。

二〇一五年七月　　　　昆　正和

目次

Part2 レジリエンスを応用する

Part1

レジリエンスを身につける

第1章

「レジリエンス」とは何か?

レジリエンスという力は古くて新しい。
そしてそれは、自ら秩序を回復し、
維持しようとする多くの現象に見られる。
ここでは主に、
その力の起源はどこにあるのか、
どのようにして発揮されるのか。
それらをこれから見ていこう。

世界は「レジリエンス」で満ちている

レジリエンスはありふれた概念か？

「レジリエンス（Resilience）」——日本語では「回復力」「復元力」「適応力」と訳される。これがレジリエント（Resilient）と語尾が変化すると「回復力のある」「復元力のある」「適応力のある」となる。

しかしこれだけでは何のことやらピンとこない。何からの回復力なのか、何に対しての適応力なのか。実は、レジリエンスの意味するものはとても広い。心の痛手からの回復力として、物理的に秩序を取り戻す能力や生命の再生力として、災害復旧や復興の力として……。このようにさまざまな分野で注目され、使われている言葉なのである。

一般にもっとも早くから研究が進んでいるのは、心、つまり心理学やメンタルヘルス分野におけるレジリエンスであるといわれている。心の作用としてのレジリエンスを語る際には、「折れない心」とか「逆境力」といった表現も使われたりする。

とはいえ、このように説明されても依然としてピンとこないだろう。レジリエンスという横文字に、何か斬新なものを期待していたあなたは思うかもしれない。回復力？　適応力？　折れない心？　なんて平凡な言葉なんだろう。レジリエンスが額面どおりこれらを意味するのだとしたら、ずいぶん新鮮味のないありふれた概念ではないか。わざわざ外来語に置き換える必要なんてあるのだろうか……。

レジリエンスには、日常的に使われる「回復力」や「折れない心」といった言葉の持つイメージよりも、もっと深い意義や価値が含まれていると私は考えている。

単刀直入に本題に入りたいところだが、まずは「平凡の中の非凡」ともいえるレジリエンスの本当の意味を汲み取っていただくことが先決だ。少し冗長かもしれないが、ここでは、心理学的な側面、モノの仕組みや機能としての側面、自然や生命の営みとしての側面など、さまざまな世界のレジリエンスの現われ方を通じて、そこから共通の特徴を導いてみよう（お急ぎの方は第2章から読んでください）。

災禍を乗り越える力はどこから来る？

最初は精神やメンタルヘルス面におけるレジリエンスについてである。この力が着目されたそもそもの始まりは、第二次大戦下のナチスの迫害を経験した人々の心理研究にあったといわれている。同じ絶望の淵を経験していながら、どん底から這い上がる人とそうでない人の違いはどこにあったのか、という疑問からだった。

強制収容所の過酷な環境のなかで生き残れるかどうかは、まさに運次第といってよいものである。日々目の前で起こっている現実は暗澹たるもので、わずかな光すらさしてくる兆しなど期待できない。しかしそうしたなかにも、自分が生きるために考え、対処できることはあると確信する人々もいたのである。

あるホロコースト体験者は、当時の自分の生き方を振り返り、次のように述べている。「私が過酷な収容所生活を乗り越えることができたのは、今思えば三つのことを実践してきたからです。一つは〝生きがい〟を持つこと。当時父はすでに亡くなっていましたが、母と姉は生きていました。もし自分が戻ってこなかったら彼女らはどんなに深く悲しむだろう。これ以上彼女らを絶望させるわけにはいかない。必ず生きて戻ろう、と考えました。

次に〝自分にできることは今日一日を生き延びること〟と言い聞かせました。収容所生活という絶望的な運命をそのまま運命として嘆くだけではやり切れません。問題を大きいまま抱え込まずに小さく分けることで、気持ちが少しは楽になると考えたのです。

最後は〝友人を持つ〟こと。ただし運命を悲しむ友人ではいけない。絶望的な状況のなかで、たとえ微《かす》かであっても将来に光を見出そうとする友人を、収容所生活を終えた後のビジョンを描ける友人を持つ。このおかげで折れそうな心を支え合うことができました。[1]」

体験者たちが自ら語る内容には、逆境を乗り越えるための現実的なヒントが含まれている。こうした点に着目し、心理学者やカウンセラーだけでなく、ビジネスの世界でも、例えば欧米では一流企業の経営者の集まりなどに「語り部」を招いて、逆境を乗り越える教訓や信条を学ぼうとする動きが見られるようになっている。

日本でも、戦争や大災害、大病を経験した人々が語り部として活動している例、あるいは極限状況から生還した登山家や冒険家に企業が講演を依頼するケースも少なくない。過酷な時空を生き抜いてきた人々の話から私たちが受け取るのは、災禍や病気の恐ろしさや苦難のメッセージだけではない。そこから、現に今語っている本人が、他ならぬレジリエンスの優れた体現者であることを私たちはひしひしと実感するのである。

ホロコースト体験者の心理調査に端を発したレジリエンス研究は、その後、人を挫折や絶望から救うにはどうすればよいかといった、目的のよりはっきりしたテーマを持つようになった。

例えば教育心理学では、学力の伸びないまま諦めてしまう子どもと、どんなにテストの点数が悪くても前向きに取り組む子どもの違いに注目し、後者の要素を前者に適用できないかという研究、スポーツ心理学では、深刻なスランプに陥ったアスリートをすばやく回復に導くカウンセリング方法の研究、あるいは災害や事故、ＤＶの深刻なトラウマから立ち直らせる方法に対しても、レジリエンスの原理を取り入れた研究が進められている。

インターネットもレジリエントな仕組み

私たちを取り巻く社会には、人間の手で考案されたいくつものレジリエントな仕組みや機能を見ることもできる。ここでは身近な例をご紹介しよう。

例えば橋の仕組みに見られるレジリエンス。京都にある上津屋《こうづや》橋は「流れ橋」と呼ばれる木製の橋である。この橋のユニークなところは、大雨で水かさが増すと、わざと橋げたを流出させ、橋脚だけが残るような仕組みになっている。橋を頑丈につくれば水流の勢いに逆らえずに橋全体が破壊されてしまい、復旧に時間がかかる。しかし橋げただけなら、あとで橋脚の上に掛けかえれば修復ははかどるわけである。

インターネットもまた、ある意味レジリエントな仕組みといえる。もともとインターネットは、アーパネットと呼ばれる軍事ネットワーク技術に由来する。中央の通信基地が攻撃されてダウンし、一斉につながらなくなるようなことがあっては困る。そこで、一つのコンピュータから他のどのコンピュータともつながる仕組みを持つことによって、一部のネットワークが寸断しても生き続けられるネットワークを目指したものだ。
インターネットは、自然災害などでその有効性が評価されている。東日本大震災では、あちこちで固定電話や携帯電話が使えない状態が続くなか、電子メールやツイッターなどは比較的順調に機能し続けた。これによって安否確認の連絡や被災状況のやりとりがはかどったケースも少なくない。

もちろん流れ橋にしても、インターネットにしても、見る角度を変えれば、必ずしもレジリエントとは呼べない側面もある。高度な土木技術が発達した今日、流れ橋の橋げたの修復にかかる費用は無視できないもので、構造的にも維持的にもあまり費用対効果のよい仕組みとはいえない。インターネットは、膨大な量のデータが一気にネット上に送り込まれたり、一つ一つ島を形成している大小さまざまなネットワークのなかでも中軸（ハブ）に相当するネットワークを攻撃されたりすれば、そこを利用する通信網に障害が出ることは避けられない。

しかし、これらの本来の目的や用途をロングショットで捉えてみると、全体として前者は「橋」という機能が、後者は「通信」という伝達手段が損なわれるわけではない。一部分がダメージを受けることを織り込み済みとしつつも、全体への影響は免れ得るところにレジリエントな特徴があるといってよい。

これら以外にも、レジリエントな仕組みは多々ある。「冗長システム」と呼ばれる仕組みもその一つだ。ふつう「冗長」はあまり良い意味には用いられないが、機械工学やＩＴの世界では、万一メインの機能が失われた際の予備のシステムを冗長システムとか冗長構成と呼ぶ。冗長はいいやつなのである。

また、航空機やロケットなどには、発生したトラブルに合理的に対処するために、それぞれ独立した複数のコンピュータが多数決で判断を下すという機能が備わっている。これもまたレジリエントな冗長システムといえるものだ。

自然や生命は適応力にあふれている

自然や生物の世界にもさまざまなレジリエンスが見られる。ここでは森林火災からの回復力と植物再生の例が参考になるだろう。

山火事はこわいものである。一度火の手があがれば、下手をすると手に負えないほど広範囲に燃え広がってしまう。だから、どんな小さな火でも下草がくすぶっているのを見かけたらただちに消し止めなければならない。私たちはふつうこのように考える。

しかし森林を管理する立場からすると、つまり森林を火災の脅威に対してレジリエントなものにするためには、小さな火災は放置した方がよいとされている。ただちに消したりはしないで焼けるにまかせる。この方が灰になったあと森林が早く再生するからである。

逆にどんなに小さな火災も見逃さずにただちに消していくと、森林全体が同時に老いてきて乾燥しやすくなる。そんなときは大規模な山火事が同時に起こる危険が高まってしまう。レジリエントな森林とは、さまざまな年齢の樹木が生い茂る多様な森のことであり、森林火災からの回復力を維持するための優れた知恵なのである。

一方、希少な植物にも力強い再生能力を見ることができる。陸前高田市の海岸線に生息するハマナデシコ（海岸の砂地に生える多年草。この地域の海岸付近が野生種の北限で、県のレッドデータブックにも記載されている）は、2011年の東日本大震災の大津波で壊滅的なダメージを受けた。

あるとき、遠方の地に避難していた住民家族が被災した自宅に戻ってみると、一面に散乱するがれきと砂利のなかにハマナデシコが何株か咲いているのを見つけた。30センチほどの高さに育ち、葉は青々と光沢があって、薄紫色の小さな花を二輪咲かせていたという。その可憐で力強い生命力に、住民家族が震災の心の傷を癒され、立ち直る勇気をもらったという[2]。

生物の世界におけるレジリエンスは、植物以外に、人体の仕組みなどにもさまざまな形で見ることができる。例えば免疫システム。体を守るために自己と侵入者（細菌、ウイルス、危険物質など）を識別して攻撃する。あるいは、体の正常な状態を維持するホメオスタシスと呼ばれる働きなどもレジリエンスに含まれる。なぜなら、正常な回復力をもたらす要素と見てよいものだからである。

〝自己であり続ける〟ために

これまでの話はレジリエンスを特徴づけるほんの一例、氷山の一角に過ぎない。身の周りにレジリエントな事例を見出そうと思えば、掃いて捨てるほどあるといっても大げさではない。早い話が、自然や生命の力であれ、人間の手が加わった人工的な力であれ、〝自己であり続ける〟ため、あるいは元の秩序を回復するために作用する力の多くは、レジリエンスと呼ぶことができるのである。ここでレジリエンスの特徴をまとめておこう。

レジリエンスは……

①　硬さや堅牢さとは異なる柔軟な力

②　ダメージを受けたときに発揮される力

③　状況の変化に適応する力

①　硬さや堅牢さとは異なる柔軟な力

レジリエンスは「力」であって、「力」ではない。「強固」「堅牢」といった性質の力とは似て非なるものである。こちらへ向かってきたものを跳ね返す硬い鎧かぶとや頑丈なフェンスのようなものでもない。一度は踏みにじられてペタンコになっても、またむくむくと起き上がる雑草のような柔軟で力強い生命力。それこそがレジリエンスの力といえるだろう。

② ダメージを受けたときに発揮される力

机に向かう。ううっ、いいアイデアが浮かばない。自己嫌悪に陥りそうだ……、などというときにレジリエンスを味方につけようとしてもだめである。レジリエンスは、自分の能力を超えた力を与えてくれる特効薬のようなものではない。ダメージを受けたり危機的な状況（問題や難題、逆境、災難など）に直面したときに、一度は大きくマイナス方向にブレることで発揮される力であり、バネのような弾力と呼んでもいい。

③ 状況の変化に適応する力

レジリエンスは単に「自己を押し通す力」のことではない。周囲の状況が一変したとき、自らを変えて新しい環境に適応する能力もまたレジリエンスなのだ。硬直的な力は小さな亀裂をよけいに広げて致命的な破壊をもたらす。レジリエンスは小さな亀裂が全体に広がらないように自らを変えながら、自己を取り戻そうとするのである。

①～③に述べたレジリエンスの特徴もしくは性質について、今まで述べた事例に照らし

てもう一度見直してみよう。多少のニュアンスの違いはあれど、これらは人間にも、自然界にも、物理現象にも、おおむね共通して当てはまることがわかるだろう。

戦禍を生き延びた人、大病を乗り越えた人、大災害や大事故の痛手から立ち直った人、仕事で大失敗をしてもすぐに気持ちを切り替えられる人……。こうした人々の〝人間力〟は、いったいどこから生まれるのだろうか。次からは、より深く私たちの心理面に立ち入って、レジリエンスという力のルーツを探索してみよう。

「強気」と「弱気」はどこからやってくるのか

「自分の力ではどうすることもできない……」という意識

その日、オレゴン州ポートランドの空港に向かっていたユナイテッド航空173便に車輪のトラブルが発生した。コックピットに緊張が走った。なぜ車輪が出ない？　旅客機は空港に向け降下中である。故障の原因を究明するにはあまりに時間が足りない。

機長は胴体着陸も已むなしと判断し、ただちに安全に胴体着陸するための手順確認に着手した。だがその一方で重大なミスを犯していた。確認作業に集中しすぎて、機長は燃料切れになりつつあることに気づいていなかったのだ。

ところが他のクルーたちは、やがて燃料切れになることには気づいていたのである。にもかかわらずそのことを機長に言い出せない。厳格な上下関係の壁があったからではない。その機長は誰もが怯えるようなはげしい気性の持ち主だったからだ。彼らには「機長には何も逆らえない、こわくて口出しできない」という意識が強く働いていたのである。

173便は着陸態勢に入って間もなく燃料が尽きて近郊の森に墜落、乗客と乗員189人の内、10人が死亡した。事故報告は機長とクルーたちとの間のコミュニケーションが十分ではなかったと伝えているが、しかし明らかにそこには疑問が残る。

どんな組織にもこわい上司や先輩はいる。自分や大勢の乗客たちの命の危機を目前にしながら、こわくて燃料切れのことを言い出せなかったとは理解に苦しむことだ。いち早くその危険を機長に指摘していれば、最悪の事態を少しでも避けるための別のオプションもあったのではないか。

これは航空機事故という極端な結果に結びついた例だが、日常のビジネスにおいても似たようなことが起こるのは珍しくない。次のケースを見てみよう。

創業社長の後を継いだ息子のK氏。これまでの旧態依然とした経営から脱却するためにあれこれ模索した結果、売上を大幅に伸ばす新たなビジネスチャンスを見出した。実現性は十分あると考え、リーダーたちを集めて熱く語りはじめたが、これが古参社員たちとの溝を深めることになったのである。

古参社員たちはK氏の思いに賛同するどころか、自分たちのポジションに対する危機感を強めた。批判を繰り返し、挙げ句の果てには「別の事業に手を出すようになったら、この会社も危ないよね」と社内を回って陰口をたたくようになったのである。

K氏はこの空気を察しはしたが、先代を支えてきた彼らを強く説得することもできず、かといって彼らに代わる優秀な人材を確保できる当てもない。古参社員たちとのあつれきと人材確保の難しさがネックとなってせっかくのビジネスチャンスが絵に描いた餅で終わってしまう……。K氏が悶々としている間に、次々と競合他社がこのビジネスに乗り出し、出遅れたK氏の会社はけっきょく何もできずに終わってしまったのだった。

このまま何も手を打たなければ、その先にあるのは破滅だけだ。あるいは二度とない貴重な機会やタイミングを失ってしまう。そんなときでさえ、立場の上下関係や力関係、あるいは組織風土やルールその他のさまざまなしがらみが邪魔をして自分にはどうすることもできないという意識が働く。

このような、意を決して動こうとすれば動けるのに、ただ手をこまねいて見ているしかないという一歩腰の引けた意識は、いったい何に由来するのだろうか。育ちや性格の問題だといってしまえばそれまでだが、そこには何らかのパターンが隠れているように思える。

「自分の運命は自分の手で選ぼう」という意志

一方、レジリエンスがどのようなかたちで発揮されるのかを示した典型的な事例もある。自前のヨットで大西洋を航行中にクジラらしき巨大生物に衝突され、ヨットは大破沈没。その後、極限状況のなか、76日間ひとり救命イカダで漂流し、生き延びたスティーヴン・キャラハンというヨットマンの話がそれだ。

彼の書いた『大西洋漂流76日間』（長辻象平訳　ハヤカワ文庫ＮＦ）には、この先どうなるかわからない大きな不安と恐怖と焦りをいかに乗り越えたか、心が押しつぶされそうななかでいかに微かな希望を未来につなぐことができたか、その心理や行動が克明に描かれている。あらすじを交えて書くとスペースが足りなくなるので、断片的ではあるが、レジリエンスが表面に現われた部分を選んでまとめてみよう。

① 気持ちを落ち着かせるために、危機に瀕してもユーモアを忘れない

ヨットを失った直後、あらゆる手をつくして危機に対処している最中、航海記録用のビデオカメラがまだ回っていることに気づき、彼は次のように書いている。「赤いランプがウィンクしたように見えた。この映画の監督は誰だい。照明はいまひとつだけど、演出のセンスは抜群だ」

② どんな些細なことであれ、生きるためにできることは何でもやろうという意志

彼は救命イカダのポールに明るい色の旗を括りつけた。たとえ救命イカダが波の谷間に没しても、近くを通る船が旗を見つけてくれる確率は倍になるのだと信じて。こんなことをしても、ほとんど偶然を期待するものでしかないことを彼自身も知っているのだが、彼は「安っぽい興奮でも、まったくないよりましさ」と言い放つ。

③ なすがままの運命ではなく、自分の意志で決める運命を自覚する

救命イカダのなかでの回想。「安全な投錨地に着くまでは、最善を尽くさなければならない。十六歳のとき、足の傷で敗血症になってベッドに横たわっていたわたしは、病気に

負けることなく、まださえた頭と強い両腕、それに健康な片足があると、自分に言い聞かせたものだった。……わたしは、新しい人生に自分を導いていくのか、それともあきらめて自分が死んでいくのを見るのか――その選択権を持っている。わたしは、できるだけ長く抵抗する道を選ぶ」

海難事故では遭難者の90％が三日以内に死んでしまうといわれている。もしキャラハン氏がレジリエンスを発揮できなかったとしたら、やはり生還は不可能であったにちがいない。彼には、どこまでも「生」にしがみつこうとする意志、分厚い絶望の壁の隅にも、針の穴ほどの小さな突破口を見出そうとする粘り強さが見てとれる。

ここには、先の二つの事例とは対極にある、もう一つのパターンが垣間見える。

生きる姿勢を左右する二つの型

これまで相反する二つの例を見てきた。前半は「自分の力ではどうすることもできない」という姿勢を持つ人々の例、後半は「自分の手で変えられる」という信念を持つヨットマンの例であった。いずれも両極端なパーソナリティを示しており、そこには何か特有のパターンがあるらしい、と私は意味深長なことを述べた。ここではそれらのパターンが何を意味するのか考えてみよう。

1960年代、米国の心理学者ジュリアン・ロッターは、人の振る舞いや姿勢がその人の人生にどのような結果をもたらすかを調査研究した。その結果発見したのが「ローカス・オブ・コントロール（Locus of Control、略してLOC）」という特性である[3]。ローカスとはラテン語で「場所」「ありか」という意味だ。自分の考え方、感情、行動をコントロールする力が自分の外側にあるのか、それとも内側にあるのかで生き方の違いが見えてくるというものである。

LOCには二つの型がある。一つはELOC型（External Locus of Control）。これは自分の考え方、感情、行動、つまり自分の人生は、運不運や外側の力によって左右される、決まるという他律的な姿勢である。うちの会社なんてワンマン社長の一言ですべて決まってしまう。自分が少しぐらい努力したって意味ないよ、という姿勢もこの一つである。

もう一つがILOC型（Internal Locus of Control）と呼ばれるものだ。こちらは自分

図表１：ELOCとILOC。私たちが持っている二つの傾向

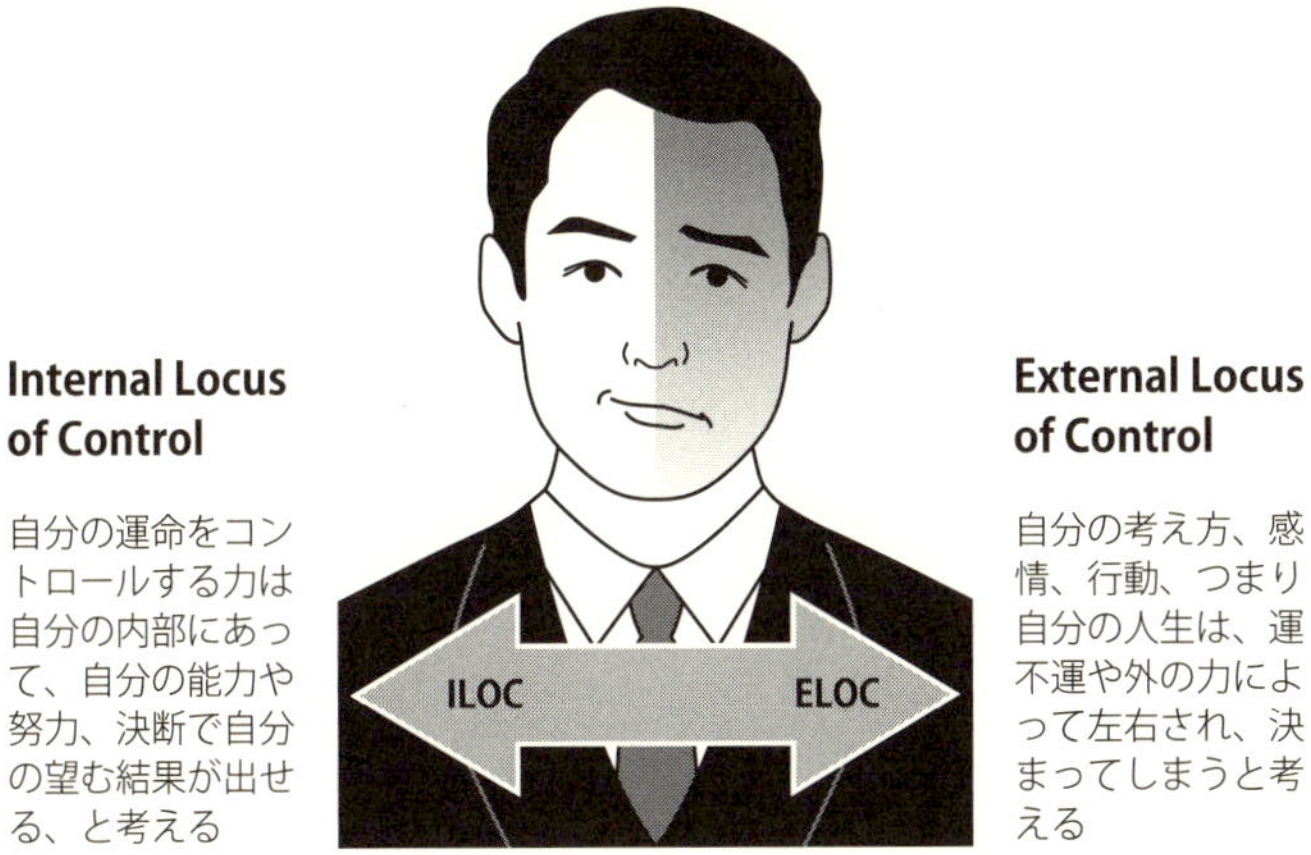
Internal Locus of Control
自分の運命をコントロールする力は自分の内部にあって、自分の能力や努力、決断で自分の望む結果が出せる、と考える
ILOC
ELOC
External Locus of Control
自分の考え方、感情、行動、つまり自分の人生は、運不運や外の力によって左右され、決まってしまうと考える

の運命をコントロールする力は自分の内部にあって、自分の能力や努力、決断で自分の望む結果が出せると考える自律的な姿勢である。

ＥＬＯＣにしてもＩＬＯＣにしても、「型」とは呼ぶものの、人格のようにはっきりと分かれるわけではない。どんな人もＥＬＯＣとＩＬＯＣの両方を持っている。ただ、本人の考え方や行動が結果的にどちらにブレやすいか、その中長期的な傾向で「どちら寄り」なのかが決まるのである（図表1を参照）。

一般に、人が成長し、学習し、経験を積むにしたがって次第に自律的な傾向が強まる、つまりＩＬＯＣの傾向が多く出るよう

になるといわれている。自分の力で世の中を渡っていかなければならないわけだから、これは当然の傾向といえる。しかし会社組織や軍隊のように明確な規律と統制のもとにある環境では、必ずしもそうではない。

階層が下がればＩＬＯＣ寄りの人もＥＬＯＣに甘んじやすくなる、潜在的なＥＬＯＣがより露骨に鮮明に強調されて表に現われやすくなる、との見方もある。

レジリエンスは「ＩＬＯＣ」を伸ばすことで得られる

このように見てくると、レジリエンスの力の所在がだんだんイメージできるようになってきたのではないだろうか。先に述べた航空機のクルーたち、二代目社長、そしてヨットマン。彼らのそれぞれの姿勢を思い出してみよう。

前二者はＥＬＯＣ型、後者はＩＬＯＣ型と重なること、そしてレジリエンスと呼ばれる力を引き出すエンジンは、ＩＬＯＣ的な部分に宿っているらしいと見ることができるのではないか。両者の特徴を整理すると次のようになる。

①　ＥＬＯＣ型の特徴

自分の生き方は、自分を取り巻く人々、営み、問題や課題、すなわち自分の外側で起こるすべての出来事や周囲の環境によって決まると考える。目の前で起こったことはすべて運命や偶然、あるいは社会のしきたりによるもの、自分ではどうすることもできないという姿勢でもある。したがって、危機を未然に防いだり、事前に察知しようという姿勢が育たず場当たり的で、リスクに曝されやすい傾向がある。

また、自らの力ではなく他人を当てにするため、思い通りにならなければすぐに被害者意識を持ったり（他人を批判したり不平不満を述べる、など）、自暴自棄になったりする。これもＥＬＯＣ的人々の特徴である。

②　ＩＬＯＣ型の特徴

自分の生き方は自分で決められるし、変えることができると考える姿勢である。一般にはＩＬＯＣ型の傾向を持つ人の方が、精神的にも健康で、幸福な人生を送れると考えられている。家族との過ごし方、お金の使い方、健康管理、恋愛においてもそうであるし、仕事においてもリーダーシップを発揮しやすい。

ただし、良薬といえども多量に服用すれば体に好ましくない影響を与える。ＩＬＯＣ的傾向が強すぎると、傲慢と受け取られたり向こう見ずになったりする恐れがある。息抜きや慎重さが求められる場面では、場違いの雰囲気をつくってしまったりする。

このように見てくると、レジリエンスという力は、けっして顔かたちのように生まれた時点で決定づけられてしまうような性質のものではないことがわかる。意識的に自分のＩＬＯＣ型の傾向を伸ばしたい、あるいはＥＬＯＣ型の傾向を抑えたいのであれば、学習や訓練（本書では「習慣づけ」という言い方をする）によって実現できることを意味しているのである。

どうすればレジリエンスを得られるのか

レジリエンスを伸ばすための要素とは?

レジリエンスは、私たちのなかにある「運命は自分の手で変えられるという姿勢(ILOC)」を伸ばす、あるいは「運命は自分ではどうすることもできないという姿勢(ELOC)」を抑制することで相対的に獲得できると考えられる。では、どんなことを実践すればよいのだろうか。

レジリエンスを獲得するための要件(以下「レジリエンスの要素」とする)は、心理学者が聞きとり調査や心理実験などさまざまな方法を駆使し、長年かかってレジリエントな人の言動や生き方を研究した結果、経験的に割り出したものだ。1+1=2のように論理的、法則的に表せるものではない。このため、レジリエンスの要素については研究者や専門家によって意見が異なる。

ある精神科医は「感情のコントロール」「自尊感情」「自己効力感」「人間関係」の四つがレジリエンスを育てる要素であると語っている。ポジティブ心理学の研究者の一人は、「自己効力感」「社会的能力」「家族・友人のサポート」「強み」が必要であると述べる。また大企業で人材教育にたずさわる心理カウンセラーは「ポジティブな姿勢」と「自己効力感」の二つが最大の鍵であると主張している。「自己効力感」については後ほど詳しく述べよう。

個人の意見とは別に、専門家集団の代表的な意見として示されているものもある。アメリカ心理学会（ＡＰＡ）のウェブサイトに掲載されているレジリエンス要素もその一つだ。[4] これによると、レジリエンスを高める基本的な要素は、家族や友人、同僚の支えがあることだという。家族との絆や周囲のサポートがあってはじめてレジリエントになれるのである。そしてさらに、「現実的な計画を組立て、これを実行に移せる能力」「自己の強みと能力に関して、ポジティブな見方ができる能力」「コミュニケーションと問題解決の能力」「強い感情や衝動をコントロールできる能力」なども、レジリエントな力を発揮するために必要であるとしている。

私としては、これらの要素一つひとつについて可能なかぎり網羅的に紹介してみたいのだが、いろいろありすぎて収拾がつかなくなる可能性もある。すでにお気づきのように、個人の意見にしても全体意見にしても、微妙に異なるものの、大筋では似たような要素が見られる。

そこで本書では、多くの意見に共通するものを手がかりに、次の二つの視点からレジリエンスの要素を取捨選択してみたのである。

・「自分を見失わないためにできること」は何か？

・「道を切り拓くために必要とすること」は何か？

以下のページでは、なぜこの二つの視点が重要なのか、それぞれの視点で取捨選択したレジリエンスの要素とは何なのかについて具体的に述べよう。

自分を見失わないためにできること

危機に直面したとき、ＥＬＯＣ型の人にはすぐに他人の助け（判断や意思決定、行動について）を当てにしたり、人が手を差し伸べてくれるまで自分からは動こうとしない傾向がある。自ら招いた失敗や挫折に対し、被害者意識を持ちやすく自暴自棄にもなりやすい。

このことは、リスクを事前に察知できないことはもとより、それが具体的な危機となって目の前に立ち現れてもうまく逃れられないことを意味する。一言でいえばリスクや危機に対してぜい弱もしくは無防備なのである。

レジリエンスの要素①――「感情のコントロール」

では、ＥＬＯＣ型の人がレジリエンスを身につけるために最初にやるべきことは何だろう。いきなり「人を当てにするな」「被害者意識を持ってはいけない」では話が進まない。逆境や危機という事態に直面したとき、何よりも基本的で大切なことは、まずは「自分を落ち着かせ、冷静さを保つ」ことではないだろうか。周囲の状況に飲まれない、自分を見失わないということでもある。

情動の自己認識――自分の感情とうまくつき合うための条件を、『ＥＱ―こころの知能指数』（土屋京子訳　講談社＋α文庫）の著者ダニエル・ゴールマンはこう呼んだ。激しい怒りや深い絶望感、悲しみ。これらとうまくつき合うには、自分は今、このような心の状態や気分のなかに埋没しようとしている、という自覚を呼び覚ますことが大切だと彼は述べている。

レジリエンスはダメージを受けた心の状態を速やかに、柔軟に回復させる力だ。そのためには、ダメージの原因である目の前の脅威や危機に対してストレートに反応してしまってはまずいのだ。感情の暴走は何もかも台無しにする。人をパニックに陥れることもある。逆境に陥ったときに起こるはげしい心の動揺を静めることを、レジリエンスを発揮させるための基本条件として選んだ理由はここにある。

レジリエンスの要素②――「ポジティブな姿勢」

初期の段階でうまく自分の感情をコントロールできたとしよう。残念ながらこれだけで山を乗り越えられるわけではない。目の前には依然として危機が居座っている。心を挫かせ、悲観や無力感、絶望感を次々と送り込んでくる脅威だ。これを乗り越えるには、あとで述べるいくつかのレジリエンスの要素を駆使する必要があるのだが、そのためには、自分を見失うことなく、いわば気力の〝種火〟を灯し続けるための工夫が必要である。

この鍵となるのが「ポジティブな姿勢」だ。ポジティブはしばしば日本語の「楽観」と混同されるが、ここでは「積極的に周囲に働きかける」「共感的に行動する」みたいな意味でとらえておきたい。この姿勢を身につける基本的なコツは、自分の頭のなかで考え、口から発する「言葉」とのコラボレーションである。

私たちは誰しも「くよくよしない、明るい心を持った人間になりたい！」と願う。しかし、ストレートに「明るい心」を持つための方法を探そうとしても、なかなか思いつかない（試みに三分間考えてみよう。どんなアイデアが浮かんだだろうか？）。

しかし逆に、「くよくよしないためにはどうすればよいか」と考え、くよくよの原因となるネガティブな言葉が出たらそれをポジティブな言葉に置き換えてみる。これなら誰でもすぐに実行できる。言葉を通じてＥＬＯＣ的な思考や発想を減らしていくことは可能なのである。

道を切り拓くために必要とすること

「感情のコントロール」と「ポジティブな姿勢」を通じて、逆境のなかでもひとまず自分を見失わずにいられたとしよう。しかしまだ危機は去っていない。危機を乗り越えるためのアクションを何も起こしていないからだ。

では危機を乗り越え、道を切り拓くために必要なことは何だろう。心理学者の多くが提唱するレジリエンスを高める要素のなかで、私が選んだキーワードは、「強み」「固定観念」「自己効力感」「問題解決スキル」の四つである。

レジリエンスの要素③――「〝強み〟を持つ」

大きな挫折感や無力感を味わうと、自分を支える何ものもなく、ふにゃふにゃな感覚にとらわれるものだ。すがるべき藁からも見放されたような感じだ。そんなときの頼みの綱が「強み」である。強みは英語が話せる、資格を持っているといった実用性や仕事の役立ち度だけが意味を持つのではない。他人にはないものが自分を自分たらしめているというアイデンティティなのである。

どんな人にも強みはある。挫折感や無力感から抜け出せない人は、自分と向き合い、自分の強みを発見したり自覚したりすることを億劫がっているに過ぎない。

レジリエンスの要素④――「固定観念とうまくつき合う」

レジリエンスと固定観念との関係を明らかにしたのは、ポジティブ心理学の権威、カレン・ライビッチ博士らだ。頑とした思念にとらわれて容易には抜け出せない状態が固定観念なのだが、これは柔軟にものごとを考え、行動しようとするときはやっかいな障害物となる。一方、固定観念はネガティブな面だけが問題視されやすいが、「失敗は学ぶためにある」のようにポジティブなものもある。したがってこの両方とうまく折り合いをつけることがレジリエンスを伸ばす鍵となる。

「柔軟に考え、行動すること」をレジリエンス要素の一つとみなす研究者もいるが、これも固定観念の裏返し的な表現と見てよいかもしれない。

レジリエンスの要素⑤――「自己効力感を持つ」

「自己効力感」とは、平たくいえば「自分の手で成し遂げられる」「乗り越えられる」と確信することである。ＩＬＯＣ型の定義がそのまま当てはまるといってよい。ある問題や課題に直面したり、重要なミッションを与えられたとき、自己効力感が高ければ前向きに取り組むことができるし、尻ごみすればその後の行動も結果も、それ相応の程度しか期待できないのだ。

自己効力感を提唱したカナダ人心理学者アルバート・バンデューラによれば、これを身につけるには自分の成功体験を反すうしたり、他人の成功を見て自信をつけるといったことが有効とされる。本書でもこれに準じた解説をしている。

レジリエンスの要素⑥――「問題解決スキルを身につける」

レジリエンスの要素のなかには、計画を立てたり、問題を解決する能力の必要性を掲げているものも少なくない。自己効力感という信念を実際の行動に向かわせる手段がなければ先へは進めない。その意味で「問題解決スキル」は自己効力感の実践的な側面と見ることができるのではないだろうか。

レジリエンスに本当に価値はあるのか?

レジリエンスにまつわる三つの疑問

レジリエンスを高める方法をこれから学び、実践していこうとする人なら誰でも、「本当に時間と労力を割くだけの価値はあるのだろうか?」というささやかな疑問を抱くのではないだろうか。

あるいはまた、語学をマスターするのに得手不得手があるように、レジリエンスを身につける際にも個人差や根本的なバックグラウンドの違いみたいなものがあって、ひょっとすると自分は徒労に終わるのではないか、と考える読者がいるかもしれない。少し断片的だが、ここではレジリエンスにまつわる典型的な三つの疑問点について、Q&A形式で述べよう。

Q：レジリエンスの獲得しやすさは家庭環境の影響が大きいと聞いている

A：親の性格や生き方、しつけ、教育の影響は、あなたの心や生き方にも深く刷りこまれている。自信やプライドを持つことを教わって育った人は、そうでない人に比べてよりレジリエントなパーソナリティを持っていることは確かだ。しかしそのような人たちが、つねにあなたよりも高いレジリエンスを獲得できるとは限らない。

というのは、前に述べたように、社会生活を送るなかで、もともとＩＬＯＣ型の人であってもＥＬＯＣ寄りの環境に甘んじる人もいるからだ。自主的に考え、責任を持って動くよりも、人から命令されて動く方が楽だと考える人、一定の地位と権力を手にし、これで俺は十分満足だと思った人は、次第にレジリエンスからは遠ざかっていくことになる。

逆にあなたがＥＬＯＣ寄りの家庭環境で育ったとしても、これからより逆境に強い人間になりたいと望み、そのように実践すれば、高いレジリエンスを獲得することは十分可能なのである。

Q：レジリエンスの獲得には家庭や友人、同僚のサポートが必要とのことだが……

A：多くのレジリエンスの本には「人とのつながりを持つこと」が条件の一つとなっているものが少なくない。確かに心の支えとして、問題を乗り越える際のサポートとして家族や友人とのつながりを大切にする意義は大きい。けれども、もしこれが絶対的な条件なら、一人暮らしの人や、もともと友人や知人のあまり多くない人はレジリエンスを獲得できないということになってしまう。

極限状況を生き延びたサバイバル体験者たち、戦争や大病で生死の境をさまよった経験を持つ人たちはどうだろうか。彼ら彼女らの傍にいつも信頼できる人々が寄り添っていたわけではない。これは解釈の問題だが、家族や友人のサポートがなければレジリエンスが育たないという意味ではなく、そうしたサポートがレジリエンスを高めるオプションの一つになる、ぐらいに受け止めるのがよい。

突きつめればレジリエンスとは「自分力」でしかないのである。

Q：頭の良い人や高学歴の人ほどレジリエンスが早く確実に身につくのでは？

A：偏差値教育のなかで育ってきた世代は、とかく頭の良し悪しとか一流とか、ＩＱといった言葉に敏感だ。レジリエンスという横文字を、選ばれたエリートだけが身につける特別な能力のようなものと誤解して、少しよそよそしい気分になる読者もいるだろう。

確かに高い知力や高学歴の人には、子どもの頃から親や先生に自己効力感（やればできる感）を教わってきた人が多いだろう。自己効力感はレジリエンスの要素の一つなので、これを持たない人に比べ、すでに一歩先をリードしていることは否定しない。

しかしだからといって、頭脳優秀な人の方が、より早く確実にレジリエンスを身につけられるという証拠は何一つない。学生時代にどんなむずかしい試験もパスしてきた秀才が、現実世界でいとも簡単に挫折するケースが珍しくないことを見てもわかるだろう。レジリエンスは「知識」でも「知力」でもない。「習慣」として身につけ、高めていくものだ。

レジリエンスの獲得に年齢制限はあるか？

「体力や知力のように、レジリエンスにも獲得に適した年齢や世代はあるのだろうか」

「ビジネスパーソンといえども、私のように年齢の高い世代、リタイア直前の世代にはレジリエンスなんて必要なさそうだな……」

レジリエンスには、知識の習得や筋力トレーニングのように「身につける」「獲得する」というイメージがあることから、このような考えを抱く読者がいてもおかしくない。体力、知力、暗記力といったものを高めるには、確かにある程度年齢の若い方が有利であることは間違いない。逆に年齢の高い世代にとっては、少々負担が大きいことも確かだ。

では、これはレジリエンスにもそのまま当てはまるのだろうか。結論からいえば「ノー」である。

理由の一つは、レジリエンスの獲得は、意識や姿勢を徐々に慣らすことで身につく一種の順応あるいは習慣づけの行為に他ならないからである。レジリエントになるための意識的な言葉や行動が、やがて無意識のうちに自然に現われるようになる。学問のように理屈で理解したり、人生のピークを過ぎたらもうおしまいといった類のものではない。

もう一つの理由として、レジリエンスを身につけられるかどうかのカギは、年齢の高低ではなく、本人がそうありたいと願う「目的」もしくは「動機」にあるという点だ。

一般に働き盛りのビジネスパーソンの場合、職場やビジネスの環境そのものが、レジリエンスを求める強いモチベーションとなる。

しかし年齢が高くなってくると、第一線から退いてしまうためか、仕事で逆境という試練を味わう機会も減ってくる。つまりそれだけレジリエンスに対する要求度も希薄になってくるわけである。このような傾向から、高い年齢の人ほどレジリエンスとは無縁であるかのような印象を受けてしまう。

けれども、その先のことをちょっと想像してみよう。子どもは独立し、財産もたっぷりたくわえて悠々自適の余生を送ることのできる人はともかく、今後老父母の介護が控えていたり、持病を抱えていたり、将来の生活に経済的な不安のある人はいないだろうか。あるいは何歳になっても仕事を続けて張り合いのある人生を送りたいと考えている人はいないだろうか。

もしこれらが当てはまるなら、そうした将来の問題や課題をレジリエンスを身につける新たな目的あるいは動機とすることもできるのである。

ポジティブ思考やストレスマネジメントとの関係

レジリエンスは、しばしば「ポジティブ思考」や「ストレスマネジメント」と同じ意味で使われることがある。他方、「レジリエンスはポジティブ思考とは違う」「ストレスマネジメントのことではない」と述べる専門家もいる。いろいろと錯綜していてはっきりしないのである。本当のところはどうなのだろうか？

ざっとこの三者の関係を整理してみよう。

「ポジティブ思考」はプラス思考とかポジティブシンキングとも呼ばれている。何事も前向きに考えることで実際に良い方向に進むという考え方である。たとえば就職活動がうまくいかないとき、悲観的な人は自分では動かしがたい巨大な岩のような現実を嘆き、ためを息をつくだけで一日が過ぎていく。

翻ってポジティブな人は、このような毎日を人生の過渡期ととらえ、とりあえず自分にできることを淡々と実行に移す。飽くことなく自分の能力を活かせる仕事、納得できる収入を丹念に調べ、行動プランを立て、何度でもトライする。

「ストレスマネジメント」は、ストレスと上手につき合うための技術である。ストレス自体は誰でも抱えており、生きている限りなくすことはできない。状況に応じてこれをうまく管理することがストレスとの望ましい向き合い方といえる。

先ほどの例でいえば、悲観的な人が陥りやすい落胆や無力感、将来に対する不安などは、まさにストレス反応なので、その裏返しであるポジティブ思考を身につければ、ストレスを抑えられる、あるいは一時的だが解消できるということになる。

一方「レジリエンス」を身につけた人は、問題を解決すべく自分に何ができるかを探そうとする。自分の手の届かないところを見上げてため息をつくのではなく、手元にあるもの（自分の強みや使える手段とか）をかき集め、必要ならば支援を求めて、いわば地道な積み上げ方式で目標に近づこうとする。

すでにお気づきのように、レジリエントな人々に見られる前向きな姿勢にはポジティブ思考が大きな役割を果たしている。そして同時にストレスを軽減することが、レジリエンスを発揮しやすくする、あるいは逆境に陥りにくくすることにつながる。

図表2：三者の関係

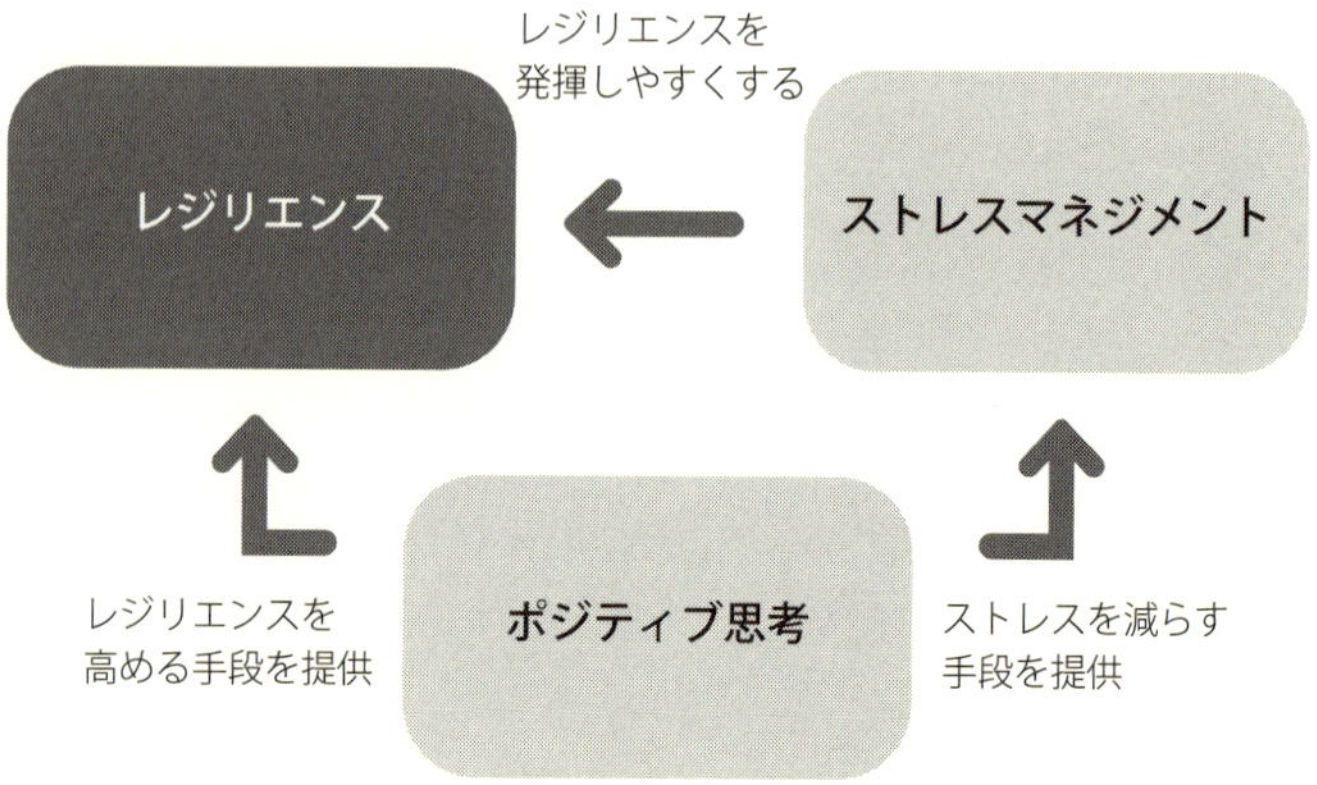

つまり三者は、お互いに依存関係または補完関係にあるといってよい。レジリエンスはポジティブ思考やストレスマネジメントと同じとか違うといった見方は、お互いにどちらが手段を提供する側かされる側か、部分を見ているのか全体の成り立ちで見ているのかの違いといえるだろう（図表2を参照）。

《本章のまとめ》

◎〈レジリエンス〉とは「回復力」「適応力」のこと。ただしそれは、心理、生命現象、物理現象、人工的な仕組みなど、さまざまな世界に見出すことができる。

◎心には、その人の生き方を決める二つの型――ＥＬＯＣ型とＩＬＯＣ型がある。

◎レジリエンスはＩＬＯＣ型の傾向を伸ばすことで獲得できる。

◎レジリエンスを身につける要素は、「感情のコントロール」「ポジティブな姿勢」「強み」「固定観念」「自己効力感」「問題解決スキル」である。

◎レジリエンスは知識や学習を通じてではなく、身につけたいという意志と習慣づけによって獲得することができる。

第2章

どうやって
獲得するのか?

前章では、
レジリエンスを育むために必要な
六つの要素について見てきた。
では、これらの要素をどのような方法で
身につければよいのだろうか。
それが本章のテーマである。
レジリエンスの獲得には、
特別な努力も才能も必要ない。
そうありたいと願う本人の意志と、
習慣づけによって
誰もが獲得できるのである。

「心の初動対応」を間違えないために

〝落ち着く〟ことから始めよう

「まさか！」とか「なんで？」といった状況に出くわすと、私たちはある種の強いストレスに曝される。大切なプレゼンテーションでパソコンが起動しなかった、最も苦手な部門に異動が決まった、経営会議中に名指しで業績悪化の責任を追及された、ある日とつぜん大口の顧客から取引打ち切りの連絡が入った……などなど。

しかし大抵は、このようなときでも私たちはなんとか心の平静を保とうと努力し、その影響を最小限にとどめようとする。いわば心の危機対応が働くわけである。逆に、この初期の段階で心の対応を間違えると、気持ちを切り替えられない、ストレスで心身が参ってしまうといった影響を引きずることになる。

これはちょうど、災害発生直後の「初動対応」を間違えると、その後の二次災害につながったり復旧が遅々として進まなくなるといったことと似ている。

レジリエンスを高める最も初期の条件は、「感情をコントロール」することである。コントロールといってもややこしいことではない。「控えめにする」「和らげる」ぐらいの意味で捉えておこう。

感情のコントロールには、レジリエンスならではの特別な方法があるわけではない。日常の習慣として身につけたり、自己啓発や心理学などの本から、あるいは家族や友人、知人、先輩のアドバイスから汲み取り、それを実践するだけである。ほんのささいなことではあるが、つぎのようなことも実践してみる価値はあるだろう。

例えば「深呼吸」。「一杯の水を飲む」でもいい。気持ちは落ち着く。ドラマのシーンなどでおなじみだが、洗面所へ行って顔を洗う、鏡で自分の顔を見る（悲惨な顔つきになっていないか?）。あるいはちょっと外へ出て、いつもとは景色の違うコースをとったり馴染みのない街へ足を向けてみる……。これだけでも落ち着きは取り戻せる。

人によっては、何かにつけてすぐ肩を落とし、ため息をつくクセのある人を見かけるが、このようなクセも、少しずつ意識して直してほしい（肩を落とさない、ため息をつかない）。ため息は、何度ついてもそれによって心が晴れることはない。ただ単に時間の経過にまかせて、いやな気持ちが薄らいでいくのを待つだけの受け身的で非効率な方法だ。

なお、大きな声で叫ぶとか、何かを思いっきり蹴飛ばすなど、はげしい気持ちを同じはげしい言動で発散しようとする人を見かける。これは気分はすっきりして気持ちが落ち着くように見えるが、実際にはあまり役立たないらしい。米国の心理学者ダイアン・タイスによれば、スカッとさせるつもりで怒りなどを噴出させると、「情動の脳が興奮状態になり、怒りが静まるどころかいっそうカッカとなってしまう」という。

サバイバル体験者の知恵

困難や危機的状況に陥ったときに落ち着く方法は、他にもいろいろ考えられる。たとえば、あるときとつぜん極限状況に置かれることになった経験を持つ人々、つまりサバイバル体験者の知恵に耳を傾けるといったことだ。

サバイバル？　やや唐突な感じを受ける読者もいるだろうが、実は誰でもサバイバルには無縁ではいられない。日常生活でも仕事でも、肝心な局面でパニックになるようなことがあれば、正しい判断ができず大切なチャンスを失うかもしれない。人間関係が壊れるかもしれない。財産や命を失うことだってある。

人生のなかで出会うさまざまな困難をいかに乗り越えるかは、まさに自分にとってのサバイバルなのである。

前に述べたヨットマン、スティーヴン・キャラハンが、パニック寸前の気持ちを落ち着かせるために実行したことを覚えているだろうか。緊急事態のど真ん中で自分が格闘している様子を客観化し、映画のワンショットにたとえている。ユーモアやジョークをあえて口にすることで、不安と焦りでパンパンになった心を揉みほぐしているのである。

これ以外にも彼は、恐怖の感情を集中力に変えようとしたり、日記をつけて自分を冷静に見つめたりと、藁にもすがる気持ちで心を落ち着かせるあらゆる手段を試みている。

もちろんサバイバルを体験した人のやり方が、そのまま私たちの感情のコントロールに役立つとは限らない。ここに述べたことを額面通り受け止める必要はないが、要はこうしたことを「危機に瀕しても心が感情のとりこにならないように工夫する、習慣として身につける」と読み換えることが大切なのである。

アメリカの著名なサバイバル研究家、ローレンス・ゴンザレスは、一般の人々が緊急時に冷静さを保つにはどうすればよいかとインタビューで質問されたとき、次のように答えている。

「ふつうの人が危機という特別な体験を何度も重ね、冷静になる訓練を積むなんて無理ですから、日常のなかでそれを学ぶのが一番です。たとえば交通渋滞にはまってイライラしている自分に気づいたら、それがそのまま冷静になるための訓練につながる……」[1]

一言でいえば、仕事でもプライベートでも「自分はいま焦っている、感情を抑えられなくなっている」と自覚したときが、そのまま冷静さを保つ実践のチャンスでもあるということである。

相手への感情をひとまず白紙にする

前職からの再就職がうまくスイッチできず、とりあえずこれまでやったことのない臨時の営業の仕事に就いた中堅のAさん。仕事をはじめて二カ月目あたりから、上司の風当たりがにわかに強くなった。自分の息子ほども歳の離れた上司は、情け容赦なくAさんを叱責し、罵倒し、あるいは無視する。これがパワハラというやつか。Aさんは愕然とした。長年積み重ねてきた自分のキャリア、能力、人格を完全否定されたような気分だった。

そう思いつつAさんは、経験のない営業の仕事に就いていること自体が根本的に間違っていることも理解していた。早くこの会社を去りたいが、すぐに次の仕事が見つかるとは限らない。時間の合間に別の就職口を探しながら過ごした日々のなんと長く感じたことか。「おそらくどこへ就職しても、あの上司のような人間はいるんだろうなあ……」。Aさんの心には、すっかり人間不信の種が根づいてしまったのである。

しかし、いつも叱責や非難をした相手を必要以上に意識してしまうことは、レジリエンスを育ちにくくする原因にもなる。こんなときは、次のように発想を切り替えてみることも必要だ。

それは、「人それぞれ、いろいろな人がいるから自分もいる」と考えることである。この地球上に、姿形までとはいわないが、あなたとほとんど同じ考え方、性格、能力、行動パターンを持つ人だけが住んでいたとしよう。こうした人たちとあなたが交流し、一緒に仕事をし、生活をともにする。同じ気質なのでさぞかし気が合って居心地がよいに違いないと思うのは早計である。

すべてが同じ人ばかりだとどうなるか。誰が考えて行動しても同じ結果が出るため、あなた自身透明人間のような、いてもいなくても同じような埋没感や疎外感を味わうだろう。考え方や行動のしかたを一つ間違えると全員一緒に破滅しかねないことも起こる。

お互いに批判しあって間違いを正す、ブレーキをかける、けん制する。自分では思いもよらないことを相手が思いつき、解決し、創造する。これによって世の中のバランスが保たれ、シャッフルされ、相乗効果が働いて発展する。

もちろん現実は、このような綺麗ごとでは割り切れない、冒頭の例のようにもっとドロドロした出来事の方が多いことも確かだ。確かではあるが自分の感情を爆発させたり、その場から逃避するだけでは何も解決しない。とりあえずは、相手への感情を白紙にする。何かを言われたら、その瞬間にコンセントを抜くようにプツンと感情の流れを遮断してしまうのだ。これもレジリエンスの次のステップにつなげる一つのコツである。

ポジティブな姿勢とは共感する姿勢のこと

〝楽観的〟と〝ポジティブ〟は別もの

「まあ、そうくよくよするな」——何か失敗をしてへコんだとき、気落ちしているあなたを上司や同僚、あるいは家族や知人が見るに見かねてこのように声をかけてくれることがあるだろう。自分としては、声をかけてくれる人々がいることを内心うれしく、そして頼もしく思う。が、この呼びかけのあとにどのような言葉が続くかで、あなたの気持ちは変わってくるかもしれない。

例えば「誰だって失敗はある。次にがんばればいいのさ」と説得されれば、なるほどそうだな、と気を取り直すだろう。

一方、「済んだことを考えたって仕方ないさ。今夜は思う存分飲んで早く忘れよう」と肩をたたかれれば、「今の気持ち、君にはわかりっこないよ」という冷めた感情がくすぶり続けて、少し複雑な気分になるかもしれない。

このような違いは、おそらく「ポジティブ」と「楽観的」のどちらのニュアンスで汲み取るかによって異なるのだろうと私は考えている。先ほどの会話でいえば、前者がポジティブ、後者が楽観を促す説得である。

ポジティブになること。それは「前向き」になることだ。顔をあげ、前進することで、心配事や後悔の念を積極的に取り除こうとする姿勢である。一方楽観的になることは、とりあえず楽しいことや興味のあることに集中して、心配や後悔の念から意識をそらそうとする一時的な対処方法だ。

この言葉の違いはきちんと分けておかなければならない。レジリエンスが求めているのは、「ポジティブ」な姿勢の方だからである。

ポジティブであろうとするとき、私たちは必ず相手を必要とする。相手に働きかけることによって、それは「共感」という形をとるだろう。共感は心を共にすることであり、お互いに励ます力、つながる力になる。そこには必ずしも同情、親愛、和気あいあいといった空気があるわけではない。ときにはお互いを批判しあうこともあるが、それは前に進むための建設的な批判である。

また、たとえ自分一人しかいなくても相手は必要だし、それは同じ人間である必要もない。どういうことか。たとえばマラソンをしているとき、とても苦しくて「棄権」の二文字が脳裏をかすめる。しかし同時に「まだいける。がんばれ！」と励ますもう一人の自分がいる。

あるいは雨のなか、軒下で子犬がぷるぷる震えながら雨宿りしているのを見かける。おやおや可哀そうに、寒いだろうといって頭を撫で、ハンカチで体を拭いてあげる。と同時に自分はその子犬によって癒されるのである。

これらの例もまた、自分自身や動物に対するポジティブな、つまり共感するための働きかけなのだ。前に述べたホロコーストを生き延びた体験者は、一人息子の自分が死んだら残された家族がとても悲しむことになる。そうならないよう何としても生きて戻ろうという信念を持っていた。彼が家族の気持ちを察し、共感することによって自らの意志を固める。これも家族に対するポジティブな姿勢ということができるだろう。

否定的な「思い」は肯定的な「言葉」に変換せよ

ポジティブな姿勢は生まれつき特定の人だけに備わった資質ではない。親の姿や親との対話を通じて習慣的に身につくものである。見方を変えるなら、意識的に習慣づける環境をつくれば、大人になってからでもある程度はポジティブな姿勢を身につけられる、ということでもある。

では「意識的に習慣づける」とはどんな方法なのだろうか。いたって簡単である。日々の仕事（もちろんプライベートでもかまわない）のなかで、何かネガティブな気分にさせるようなことがあるたびに、二つのことを実行してみるだけでよいのである。

一つは、否定的な「思い」を、意識的に肯定的な「言葉」に置き換えてみる、ということ。意外に思うかもしれないが、頭や心で考えた「思い（思考や感情）」と「言葉」はつながっている。実際に試してみるとわかるが、あなたに「こんなことやってられないよ」という感情が湧きおこったときは、たとえ口に出さなくても、心のなかで「こんなことや

図表３：否定的な「思い」を肯定的な「言葉」に変換する練習

否定的な「思い」から ⟫⟫	肯定的な「言葉」へ
僕はどうせ雑用しか任せられない無能な社員さ	これも修行の一環だ。雑用の合間にひそかにスキルを磨こう
どこへ営業に行っても申し合わせたように門前払いだ。いやになってしまう！	少しやり方を変えてみよう。いつもワンパターンだからな（or 門前払いした相手だけがすべてではない。もっといろいろな方面に当たってみよう）
全社員の前で社長から怒鳴られた。これで同僚たちには蔑まれ、ひそかに思いを寄せている隣のＡ子さんにも見放されるだろうな。もうおしまいだ	今日の社長は虫の居所がよくなかったようだ。早く忘れて仕事に専念しよう

ってられないよ」と言葉で表現しているのである。

したがって、心のなかで否定的な「思い」が湧きおこったら、その言い回しを意識的に否定から肯定の言葉に置き換えてみる。例えば「こんなことやってられないよ」→「これも修行の一環だよな」のように。まずはこれが重要なポイントとなる（図表３を参照）。

もう一つは、否定から肯定に置き換えた言葉は、必ず口に出してみるということ。頭や心のなかでどんなにうまく肯定的な表現に置き換えても、それだけでは目の前の圧倒的な現実にかき消されてしまって形をとどめない。行動に移すきっかけもつくれない。肯定的な表現を実際に口に出すことによってはじめて、それが活き活きと現実のものとなり、意志と行動につながるのである。

以前、「職場で武士言葉を使う人が増えている」というニュースが話題になったことがあった。これは職場の雰囲気をなごませるためのジョークなのかもしれないが、私にはもう一つの効果を示唆しているようにも思えた。「どうも」「すみません」と言う代わりに「かたじけない」と口にすることで、自分はしゃきっとした礼節を重んじる人間なんだ、ということを自分に言い聞かせ、同時に相手にもアピールしているかのように見えたからである。

やや飛躍的な例えだが、「言葉」によってポジティブな姿勢を身につけるというのも、この武士言葉を使おうとする動機と似たところがあるのではないだろうか。心の「思い」を口に出すことによって、それがそのまま現実のものとなる。否定的な言葉は否定的な行動につながり、肯定的な言葉は肯定的な行動につながるのである。

ネガティブな思いの連鎖を断ち切る

あるとき、Mは新商品プレス発表会のための段取りを任された。責任重大と意気込んでがんばったつもりだったが、当日の会場は記者が数名しか来ず、惨たんたる結果に終わってしまった。社長のあいさつも商品開発部長のプレゼンテーションも、見るからに力が入らなかったように思えた。

Ｍは心苦しかった。「社長も商品開発部長もメンツ丸つぶれで、新商品発表会は僕の段取りの悪さのために台無しになってしまった。これで僕の評価もがた落ちだ。いずれどこか地方の事業所に左遷させられるだろう。妻にも言い出しにくいよ。最近はお互いあまり会話もないし。彼女も仕事持ってるからよその土地に引っ越すなんて論外だろう。当然僕の単身赴任か、ヘタをすると離縁を迫られるかもな……」

この例に見るように、否定的な思いというのは、一度火がつくと次々と連鎖反応を起こしやすいという特徴がある。まさに連続花火に火がついたようなものである。Ｍさんのこうした想像は、傍から見ればばかばかしいことだが、当人にとっては差し迫った現実的な危機のように感じられる。なぜなら一つ一つの想像は、Ｍさんにとって「いかにもありそうな出来事」だからである。こうした想像上のリアリティを含んだ連鎖はどうすれば断ち切れるのだろうか。

一つの方法として次のように考えることもできる。[2] それは、①悲観の連鎖を生み出した一つひとつの状況を書き出す。②①でリストアップした一つひとつの状況が実際に起こり得ることなのかどうかを確かめてみる、というものである。

先ほどのMさんの状況を①→②にしたがって分解してみよう。彼のネガティブな思いの連鎖のうち、ほぼ事実らしいのは「新商品説明会の参加者が少なく、社長も商品開発部長も落胆していた」のところだけだ。「僕の段取りの悪さのために台無しに……」は彼の主観なのかもしれない。本当は新商品の魅力が乏しいから記者が来なかっただけかもしれないからだ。

そこからあとの部分、「評価が下がる」→「左遷」→「妻の反対」→「単身赴任または離縁」は、もしかするとMさんの想像どおりにすべて、または部分的に起こり得るかもしれないし、まったく起こらないかもしれない。

Mさんはこのことに気づけば、その不確かな部分については少しだけ心の準備をしつつも、意識的にポジティブな姿勢で臨めばよいのである。意気消沈した暗い顔ではなく、明るい顔でふるまうことで、社長にも商品開発部長にも、そして妻にも、Mさんは好ましい影響を与えることは間違いないだろうから。

自分を押し出す「強み」というエンジン

「他人とは違う」という自覚

レジリエンスを発揮するための要素として「強み」が大切であるという考え方は、ポジティブ心理学に見られるものだ。レジリエンスとは〝自ら道を切り拓く力〟のことでもある。自分を前に押出すエンジンとして「強み」が必要とされるのは当然といえるだろう。

一般的に「強み」は、自分にとって得意である、他の人より秀でているという意味で使われるが、これには二種類あることに気づくだろう。

一つは自分の性格や育った環境、体型や体質などからくる強みだ。「明るい性格で誰とでも仲良くなれる」とか「足が速い」といったもの。もう一つは、学習や訓練など自分の努力によって獲得する強みで、二カ国語が話せる、ＭＢＡの資格を持っている、などが当てはまる。

レジリエントになるためにはどちらの強みであってもかまわない。有資格などの実用性の高い強みは就職活動や仕事上でのレジリエンスを高める。性格的な強み、たとえばコミュニケーションスキルなどは人脈を広げ、他の人とのフランクな信頼関係を築きやすい。要は「他の人とは違うものを持っている」という、一種のアイデンティティの自覚と主張が大切なのである。

ただし、強みはつねに有利に働くとは限らない。私が以前勤めていた職場で実際にあった例を一つ。同僚の一人がプロジェクトリーダーに抜擢された。「体育会系の彼ならメンバーをぐいぐい引っ張っていける」と周囲から期待されていた。

はりきってチームを引っ張りはじめたまではよかったが、次第にチームメンバーたちは彼と距離を置くようになった。「リーダーは誰かれとなく何にでも口出しする」「自分の思い通りにやらないと気が済まないようだ」といった不満が出はじめたのだ。当然プロジェクトも、期待したほどの結果は得られなかったのである。

自分にとっての強みがビジネスの現場でどこまで必要とされるか、どこまでそれを自分から発揮してよいかということも、少しだけ心の隅に留めておこう。

「強み」を発見するには

自分の「強み」は、学業や会社での仕事、資格、特技、好きなスポーツなどを振り返ると、何となく実感できるものである。ところが改まって他の人から「あなたの強みは何ですか？」と問われると、とたんに返答に窮してしまう。そんなところも「強み」の不思議な性質だ。いま一つ自分の強みがはっきりとしないという人は、次のような身近な方法を試してみる手もある。

一つは親や兄弟姉妹、友人などに「私の強みは何だと思う？」と尋ねてみること。どの人もおおむね似たようなことを答えてくれたら、その強みはある程度確かなものと考えて差支えないだろう。

もう一つは、過去の成功体験や困難を乗り切った体験などを思い出し、それらを書き出してみることである。自分で納得のいく答えを導けるので、自分なりの確かな手ごたえを感じることができるにちがいない。

一方、自分が接している相手次第で返ってくる答えもさまざま、自分で紙に書き出して見てもはっきりとはわからない、いわば強みとして意識されにくい強みもある。たとえば「思慮深い」「公正である」「謙虚である」といったものだ。これらは主観的で、そもそも自覚すらしないものである。

ところが世の中広いもので、こうした強みに着目し、研究している学者や研究者もいる。たとえば次の二つは、先ほど述べたような自覚しにくい強みを、ある程度客観的に評価してくれるものとして知られている。

① 強み診断ツール「VIA-IS」

ポジティブ心理学の第一人者C・ピーターソンとM・セリグマンが開発した強み診断ツール。米ペンシルベニア大学の公式ウェブサイト「Authentic Happiness」で無料受講できる（日本語版もある）。24項目の強みのうちのトップ5の「特徴的な強み」を仕事などに活用すれば、仕事の満足感や充実感が向上するといわれている。会員登録が必要。

② ストレングスファインダー®

米国ギャラップ社が開発したオンライン才能診断ツール。指定の書籍を購入するか、同社サイトの指定のページから「アクセスコード」を購入することでストレングスファインダーの診断テストを日本語でも受けることができる。34の資質から最も特徴的な五つ（優先度の高い思考、感情、行動のパターン）を診断結果として出す仕組み。

「強み」を活かすためのロードマップ

どのような方法であれ、ひとまず自分の強みを特定したら、次にその強みを活かすためのちょっとしたロードマップを描いてみることをお勧めしたい。といってもこれは特別なことではない。転職とか生活の立て直しといった、人生の大切な局面では、おそらく誰でも無意識のうちに実行していることなのだ。例えば次の①〜③のように。

① その「強み」の活かし方を考える
- その「強み」をどのように活かせるか？
- その「強み」で自分の「弱み」をカバーできないか？

② その「強み」の効果や結果をイメージしてみる

・仕事ではどのような場面に活かし、何を達成することができるか？

・周囲の人は自分の「強み」をどう評価するだろうか？

③ その「強み」をブラッシュアップするための方法や機会を探る

(例) 自分には「向学心」があると自覚した場合、これを強化するには……

・ワンランク上の資格試験に挑戦する

・より難しい専門書を何冊か読破する

・率先して社内勉強会のレクチャー役を務める

これらのステップを通じて強みを習慣づける、あるいは発揮するための機会が具体的に決まれば、あとは明日からでも実行するだけである。

一つ注意したいのは、「強み」を意識しすぎて即物的な手段のように見なさないことである。あまりギラギラした目で「これに使えないか」「あれに役立たないか」と考えてしまうと、息切れがして長続きしない。また前に述べたように、強みの発揮は相手があってのことである。そこには需要と供給のバランスがあることを心に留めておきたい。

ともあれ、これから強みが活かせそうだ（あるいは活かされている）という実感が高まれば、それだけ地に足のついた感覚が伴い、たとえ周囲の状況がどう変わろうとも、ひるむことなく前進できるに違いない。

固定観念とうまくつき合う

固定観念VS柔軟な思考

ある会社の採用面接に、他社で経験を積んだ二十代後半の女性がやってきた。面接が終わった後、複数の面接官たちは業務経験を評価して採用の方向で話し合っていた。ところが、面接官リーダーの次の一言で彼女の採用は見送られてしまったのである。

「彼女の年齢だとそろそろ結婚を考えているんじゃないか」

その後女性は、この会社のライバル企業に就職。実力を発揮して、その活躍が雑誌にも取り上げられるほどになった。彼女を不採用にした面接官たちが口惜しがったことはいうまでもない。

私たちは、目の前のできごとや入ってくる情報をありのままに捉え、理解していると思っている。しかし実はこの例のように、思い込みを仲立ちとして判断したり、感情を動かしたりしていることが少なくないのだ。このため、どんな思い込みが出てくるかによってその後の結果が異なってくる。

採用に反対した面接官リーダーには「女性はすぐに結婚して辞めるものだ」という思い込みがあって、それが彼の判断を曇らせてしまったわけである。

こうした思い込みは、私たちの意識の底に他にいくらでも潜伏している。「夫は外に、妻は家にいるべきだ」「都会者はみな小賢《こざか》しいから気をつけなければいけない」といったものもそうだ。これらは、女性やよその土地の出身者に対する偏見でしかない。

思い込みは会社でも遠慮なく顔をのぞかせる。「高学歴でないと評価されない」「部下は上司の命令にそむくべきではない」「不況期にはモノが売れないのは当たり前」……などなど。このような「こうであるにきまっている」「こうであるはずがない」という強い信念を、以下では「固定観念」という言葉で説明する。

なぜレジリエンスに「固定観念」が関係するのだろうか。それは、逆境を乗り越え、道を切り拓くためには〝柔軟な思考〟が必要だからである。

一例を挙げよう。いま自分が逆境にあるのは「原因Aのせいだ」と考える。しかしAを取り除こうとしてもうまくいかない、あるいはAを取り除いたのに逆境から抜け出せないときはどうなるか。なぜだ、なぜなんだとAにこだわり、Aを巡って煩悶するしかないだろう。そのとき、いやA以外にBやCという原因もあり得る、Aに対してDやEという解決策もあり得る……と幅を持たせることが必要なのである。

とはいうものの、切迫した状況のなかでは真っ向から柔軟に考えようとしてもうまくいかないことが多い。何かが柔軟に考えることを拒み、妨害している。それこそが固定観念だ。したがって、柔軟にものを考え、レジリエントな力を発揮するためには、どんな固定観念が表面に出ているのかを自覚し、これとうまくつき合うことが大切なのである。

固定観念の正体とは

固定観念はどのように生じ、私たちにどんな影響をもたらすのだろうか。ここには次のような特徴があることがわかる[3]。

① 影響は子ども時代にさかのぼる

個人の歴史をさかのぼってみると、固定観念のはじまりは生育環境にある。親自身（あるいは祖父母）の性格や習慣、しつけの他、先生や師と呼ばれる人たちからの影響も少なくない。身近な人々の言葉や態度、習慣を通じ、長年かかって自然に心のなかに染みついていくのである。

② 誰でも持っている

固定観念はどんな人にもある。人によってその度合いが異なるのは、先ほど述べた自分の育った環境の影響があるためである。固定観念が強いとものの見方や判断、評価のしかたに偏りが生じる。

③ 固定観念には二種類ある

一般に「固定観念」という言葉はネガティブな印象を与えるものだが、必ずしもすべての固定観念がネガティブであるとは限らない。肯定的で、モチベーションを高めたり粘り強さを発揮するポジティブな固定観念もある。例えば「失敗は学ぶためにある」などもその一例である。

④　容易には取り除くことはできない

固定観念は身体の一部といってよいほどの根深いものである。とくにネガティブな固定観念については、虫歯のように簡単に取り除こうとしてもできるものではない。私たちにできるのは、せいぜい表に出さない、意識しないぐらいのことだけだ。

⑤　固定観念が引き起こす問題

・予期しないときに表に現われて、ひどく感情的にさせることがある
・周囲の状況にそぐわない感情や行動に駆り立てることがある
・頑固な性質であるために、右に述べたようなことが繰り返し起こりやすい
・相反する固定観念が競い合って意思決定がうまくいかないことがある

固定観念に先回りするために

固定観念にはポジティブ、ネガティブの両面があり、取り除くのが困難であるという特徴があることがわかった。レジリエンスを発揮するためには、いかに固定観念とうまく折り合いをつけるかが鍵となる。

まずポジティブな固定観念は、いわば「信念」や「意志」と呼んでもよいものなので、そのまま使いこなすことができる。しかしネガティブな固定観念は少しやっかいである。こちらについては、なるべく感情の起伏や誤った判断という形で表に現われる前に察知して、意識的にそれを避けるよう工夫しなければならない。

問題は、どうやってネガティブな固定観念であることを察知するかだ。グループで議論しているとき、お互いに相手の言っていることに（それは思い込み、固定観念ではないだろうか……？）と思えるものを感じ取ったら、議論がおかしな方向に進む前にそれを相手に指摘することもできる。しかしこうした方法はいつでも使えるとは限らない。

いずれにしても、まず必要なことは「自覚」することである。自分の過去の失敗を振り返ってみよう。そして思い込みや判断の誤りによる失敗、議論の際に感情的になって周囲の雰囲気を悪くしたことなどを思い出してみる。

次に、それが自分の身から出た固定観念が原因ではなかったかと推し量ってみる。もしそうなら、次の例のように「何が自分にそう思わせたのか？」という問答を反復することで、どんな固定観念なのかを見定めることができるかもしれない[4]。

［事例］

装置営業部の一員だったAさんは、その実力を買われてケミカル事業部の営業主任に昇格、やる気満々で仕事に着手した。ところが結果は惨敗。彼の率いるチームの営業成績は三カ月連続最下位に。彼はひどく落ち込み、間もなく上司に辞表を出してしまった。

彼を、辞表を書くまでに駆り立てた固定観念はどんなものだったのだろうか？ここで、Aさんの固定観念さがしの自問自答がはじまる。

Ｑ：何が自分を深く落ち込ませたのか？
Ａ：営業成績が三カ月連続最下位となったから。
Ｑ：三カ月連続最下位であることにどんな意味があるのか？
Ａ：会社は自分を使えない社員、いなくてもよい社員と思うだろうから。
Ｑ：何が自分を「使えない社員、いなくてもよい社員」と思わせたのか？
Ａ：男たる者、負けたらおしまい、という思いがあるから。

そして最後の答えを出したとき、Ａさんは子どもの頃から耳についていた「男たる者、負けたらおしまい」という父の口癖を思い出したのである。

Ａさんはこうして、辞表を書くに至った自分の固定観念を発見したのである。次回からＡさんは、この固定観念が出てきたら意識的に否定・無視し、なるべくポジティブに考えることで、辞表を書くほど落ち込むことはなくなる、と考えることができるだろう。

自己効力感（1）
それは小さな成功体験からはじまる

「やればできる」の火を灯し続ける

自己効力感は、自分の手で成し遂げられる、乗り越えられるという確信のことである。そのためには、積極的に現状を乗り越えていくため、道を切り拓くための「手段」がなくてはならない。自己効力感を裏打ちするための手段とは何か。その一つが「小さな達成感」を積み重ねることである。

逆境は一朝一夕には解消しない。深い挫折感や失望感、無力感にとらわれている間は、何も手につかない状態が続くものである。時間が過ぎ去るなかで、自然にその感情が薄らいでいくのを待つしかないと感じることも少なくない。

図表４：小さな目標設定と小さな達成感の例

（小さな目標設定）		（小さな達成感）
高１程度の数学を復習してみよう	→	三角関数ぐらいはまだ理解できるぞ！
簡潔な文章を心がけよう	→	上司に「文章が読みやすくなったね」とほめられた！
久々に３キロ程度のジョギングをしてみよう	→	足腰も心肺機能も、まだいける！
ご無沙汰している客先にメールを出してみよう	→	返信メールがきた。期待が持てそうだ！

このようなときは、何もかも吹っ切って気持ちを１８０度切り替えようとしてもなかなかうまくいかない。しかし、小さな目標を立てる↓実行する↓満足する。これを反復することはできるだろう。一例として図表４を見てみよう。

いずれも取るに足らないささいな目標とささいな満足に過ぎないかもしれない。表立って人に言えるようなことでもない。これらは心の内に小さな喜びとして留めておくだけでよいものである。

しかし、この実践効果を決してあなどってはいけない。なぜなら、逆境のなかにあって徹底的にヘコんでいるときの自分というのは、パスカルの言葉ではないが、一本の葦ほどに弱々しいものだからである。このようなときにこそ、いわば自分の心に「やればできる」の小さな火を灯し続けることで、少しずつ自信を取り戻すことができるのである。

小さな達成感を喜び、それを積み重ねることによって、レジリエンスのステップを一歩ずつ昇ってゆく。断崖絶壁に挑むクライマーが、手がかりや足がかりを得るためにわずかな岩の出っ張りを一つ一つ探り当て、そこに全幅の信頼と期待を込めながら少しずつ自分自身を上へ引き上げる。「小さな達成感」の積み重ねもこれと似ている。

「自信」の足跡をたどり、現在の問題に取り組む

日常の機会をとらえて小さな達成感を反復する方法の他にも、ぜひ実践してほしいことがある。それが「〝自信〟の足跡をたどる」ことである。ここでは積極的に自分の過去を振り返り、そこから「やればできる」の足跡を掘り起こすという方法について説明する。手順は次のとおり。

① 過去の「成功例」を思い起こして書き出してみる

逆境にあるときは「悲観」のフィルターで心が曇っている。したがって、心を落ち着け

（感情をコントロールし）、否定的な言葉や想いをなるべく意識しないように心掛け（ポジティブになる）、過去の思い出のなかからどんなことでもよいので「成功例」を見つけ出し、紙に書き出して見るわけである。

たとえば、「△△ができるのはクラスで自分だけだった」「学習塾のアルバイトでは子どもたちに人気があった」「△△の賞をもらった」「お客さまから名指しで大口注文をもらったことがある」などなど。

② 可能性のオプションをリストアップする

過去の「成功例」のリストを脇に置いて、今度はいま直面している問題を解決するためのオプションを書き出してみる。とりあえず、すべてを書き出すことがポイントである。書き出す傍から「できる」「できない」「得意だ」「苦手だ」といった評価意識は持たないように注意しよう。ブレーンストーミング的な発想で。

そして、書いているうちに「どうせ何をやっても……」という無力感が出てきたら、「成功例」のリストに目をやって「自分も人並みにうまくやれるじゃないか」という意識を取り戻すことが大切である。

③ 実行すべきオプションを決める

いま直面している問題を解決するための選択肢が出そろったら、次に、先ほど保留にした「これならできるかもしれない」「今は無理かもしれない」といった判断と評価を行い、最終的に実行できそうなものを絞り込もう。

一方、消去してしまった他のオプションはもう役に立たないかといえば、決してそうではない。今絞り込んだオプションを実行してもうまくいかないときの第二、第三の候補となり得るので、そのままとっておこう。

このように「自信」の足跡をたどり、その自信をばねに目下の問題に取り組むことで、解決の道筋が見えてくるに違いない。なお、とくに①と②のリストアップの途中で考えが煮詰まってしまったときは、一人では悩まずに職場の同僚、上司、友人、知人、あるいは親や兄弟に相談してヒントを得ることも一つの手である。

自己効力感⑵可能性を狭めないための習慣

必要以上に背伸びする／自分を縛る

危機的な状況に追いつめられた人々がもう助からない、逃げ場はないと絶望するなか、沈着冷静な主人公が「いや、諦めるのはまだ早い。助かる可能性はある」とつぶやく。アクション映画やパニック映画などでおなじみのシーンである。この一言で、見ている私たちもほっと胸をなでおろし、カッコいいなあ……などと思ったりするわけである。

逆境に遭うということは、言い換えれば「逃げ場」を失うこと、危機を脱してより望ましい方向へ進むための選択肢が見当たらないことである。逆境から抜け出すには、何らかの選択の道をつくらなければならない。しかし目の前にはその選択肢がなく、お手上げの状態だと感じる。

「自己効力感」とは「やればできる」という確信のことだ。そこには選択肢を持つという意味合いが含まれている。選択肢を持つことで、自分の進むべき道や可能性を切り拓くことができる、つまり未来を自分の手で変えられることにつながるわけである。

とはいえ、逆境のなかで手品のようにさまざまな選択肢や可能性を目の前にポンと出して見せるテクニックなどない。その代わり「自分で選択肢や可能性を狭めてしまうような習慣やクセ」を徐々に減らしていくことは可能だ。以下では、そうした習慣やクセのパターンと対処方法を説明する。

最初は「背伸びする／自分を縛る」という習慣について。まじめな人や実直な人は、ときとして仕事でもプライベートでも、思わず背伸びしたり自分を縛ってしまうことがある。「〇〇やらなくちゃ」「必ずやってみせます」といったことだ。

これはつねに自分自身に対してだけとは限らない。他の人に向かってしまうと、少しやっかいなことになる。とくに職場のリーダー（中間管理層など）が部下と接する際には両者の関係をこじらせる原因にもなる。「〇〇しかないのだよ、キミ」「必ずやってください」「△△のはずだろう?」みたいなことである。事の成り行きによってはコミュニケーションが破たんしてしまうようにも見える。

背伸びする／縛る習慣やクセのある人は、自分自身だけでなく相手に対しても寛容ではいられない。考え方に柔軟性がなく、選択の余地を削り取ってしまっているわけだ。

そこで、これを改めるために次のことを実行してみよう。まず自分自身、先ほど述べたような自分や他人を縛るような言葉遣いをしていないか、日頃からちょっと意識してみること。「意外とけっこう使っているみたいだなあ」と感じたら要注意である。

次に、自分のこのような言葉遣いに気づいたということは、意識的にその言葉や表現を改めることができるということでもある。そこで、思わずいつもの言葉を口に出してしまう前に、少し婉曲的な言い回しにする習慣（例えば「〇〇ではなかったかな？」「〇〇を忘れないようにしよう」「ベターを目指そう」など）を身につけるとよいだろう。

「白黒の決着をつけないと気が済まない」習慣

これは文字通り、両極端のどちらか一方を迫る、中間あるいはグレーという選択肢を持たない姿勢である。「正しい」か「間違っている」か、「最高」か「最低」か、「賛成」か「反対」か、「今すぐ」か「後回し」か、「やる」のか「やらない」のか。

一般にビジネスの現場では、グレーや中間的な答えというのは好まれない。結果が見えないし、次の行動にも移れないからだ。ビジネスの美徳とされる「実行力」「決断力」の有無は、すべてこの白か黒かをすばやく判断するところにかかっているといっても過言ではない。

反射的に白黒はっきり言葉に出すのは、見かけ上は頭の回転が速くなったような気持ちよさを感じるだろうが、下手をすればイエスマンになったり、思慮を欠いた人物と見なされかねない。

このように、白黒はっきりさせる姿勢が良いことなのかそうでないのかは、状況次第だといえるが、これが無意識に習慣化してしまうと、いざというとき他の有望な選択肢や可能性を排除し、本来はあったはずのより望ましい機会を逸してしまうかもしれない。

白黒の判断姿勢を緩和する方法はあるだろうか。まず自分自身、先に述べたような白黒を迫る言葉遣いをしたり態度をとってはいないか、日頃の様子をちょっと振り返ってみよう。

そしてもし、自分にもその傾向があるようだと感じたら、せっかちに判断や結論を急ごうとはせずに、「一時保留にする」「相手に判断をまかせる」というオプションを選んでみるのも悪くないだろう（あくまで状況次第だが）。それでも結果は自然についてくることが多いものである。

「すべてを自分のせいにする」傾向

「すべてを自分のせいにする」傾向のある人もまた、自分の選択肢や可能性を閉ざしている人である。たとえば、次のようなケース。

・商談に失敗すると、それを自分の作成したプレゼンテーション資料が稚拙だったからだとする。あるいは自分の説明下手のせいにする。
・社長の機嫌が悪いのは、今朝玄関で社長に会ったときにうっかり挨拶をしなかった自分のせいだと考える。

これらは、よく検証すれば事実なのかもしれない。いずれも実際によくあるケースだからだ。しかし本当の問題は、すべての失敗や不愉快な出来事の原因を自分に結びつけることで自らを萎縮させ、どんどん手も足も出ない人間にしてしまうところにある。このような傾向があると思う人は、次のことを実践してみよう。

まず、仮に今の現実があなたのせいだとして、それをどう解決したいのかをちょっと考えてみよう。実はそこには何もなくて、単に感情的に心苦しいだけ、相手の顔色をうかがっている自分がそこにいるだけではないだろうか。もしそうなら、次のように自分に言い聞かせてみる。「他人の心や頭のなかというのは、傍目で自分が理解できるほど単純なものではない」と。

商談の失敗は、予算や提案内容に対するニーズ、他の意思決定者たちとの意見の不一致など、組織としての判断が介在しているかもしれず、必ずしもプレゼンテーション自体の品質だけが失敗の原因であるとは限らないのだ。社長に挨拶しそびれたとして、その程度で機嫌を損ねるような度量の狭い社長なら、会社を経営することなどできないだろう。不機嫌なのは、もっと次元の高い経営上の問題のせいにちがいない……。

このように考えると、自分が心苦しく感じている原因らしきもののすべてを自分一人のせいにするということが、いかにばかばかしいことであるかがわかるだろう。

「自分を貶めたまま時間が過ぎていくことに、どんなメリットがあるのか」。自分に否定的な姿勢があると感じている人は、このように自問してみよう。自分を貶めればそれだけあなたの未来の可能性を狭め、身動きがとれなくなるだけなのだから。

「何にでもレッテルを貼ってしまう」決めつけ

これは、前に述べた「すべてを自分のせいにする」の変則バージョンととらえるとわかりやすい。

私たちは「未知」のものが苦手だ。それが人であれ動物であれ、モノであれ、である。「未知」のものは敵なのか味方なのか、危険なのか安全なのか見当がつかない、こちらとしてもどう対処してよいかわからない。

そこで人間の知恵が生み出したのが「レッテルを貼る」という習慣である。レッテルを貼ることで、相手が何者であるか即座に判断できるし、対処もしやすい。

ただし、そのニュアンスからわかるように、レッテル貼りは独りよがりで一方的なところがある。相手の性格や能力を、自分の色眼鏡で決めつけてしまうところがある。

そして、ここが大切なところなのだが、他の習慣やクセと同じように、レッテル貼りの人もまた、相手だけでなく自分自身に対してもレッテルを貼っていることが多いものである。「どうせ僕は頭が悪い」「私はセンスがよくない」「人から見下されやすい」といったことである。これはストレートに自分の選択肢や可能性を狭めてしまう危険がある。


もし、このような傾向に心当たりのある人は、次のことを反復してみよう。

一つはこれまでもおなじみの「言葉」に注意すること。否定的な言葉はそのまま否定的な思考や行動につながるし、肯定的な言葉はそのまま肯定的な思考や行動につながる。自分でレッテルを貼っていることに気づいたら、それを打ち消すように心掛けなければいけない。

次に、レッテルを貼ってしまった相手と接する際は、毎回まっさらなキャンバスに向かうような気持ち、あるいはパソコンのリセットボタンを押したつもりで臨むこと。こうすることで、「この人は、また△△な態度をとるに違いない」といった警戒心はなくなるだろう。

最後に、自分自身に貼りつけたネガティブなレッテルというのは、他人のレッテルのリセットボタンを押すようには簡単には解決できないものだ。そうした場合は、もう少し工夫を凝らして、どんなに小さなことでもいいから、（そのレッテル以外で）過去にうまくいって満足したこと、うれしかったことを努めて思い出してみよう。これは、先に述べた「小さな成功体験」にも通じるものである。

問題解決スキルで自己効力感を保つ

「変わる」「変える」の主人公は誰か？

自己効力感に関しては、もう一つ大切なことがある。それは「問題を解決しようとする姿勢」である。これがないと自己効力感は長続きしないし、アクションを起こすきっかけもつくれない。ヘタをすると一時的なはったりで終わってしまう。

ビジネスの世界には「ピンチをチャンスに変える」という言葉がある。これもまた「問題解決姿勢」の一つの形とみてよいものだ。

ピンチすなわち「問題」にもいろいろある。古いしきたりや慣行が社内の風土や規律を損なっている場合もそうだし、業績が厳しくなると見えてくるさまざまな問題点、ライバル企業に追い抜かれたり、市場のシェアをすっかり落としてしまったときの切迫した危機感、個人として追及される失敗の責任などなど、数えあげればきりがない。

こうしたさまざまなピンチを単にピンチとして恐れ、悩むのではなく、これをチャンスに変える主人公は誰だろう。結局は、社員一人ひとりの前向きな問題解決姿勢にかかっているのである。

厄介な問題に真剣に取り組むレジリエントなビジネスパーソンは、問題を合理的に解くための秘密のテクニックを持っているわけではない。常に優れた側近やアドバイザーに恵まれているわけでもない。剃刀のように鋭い頭脳の持ち主であるとも限らない。

確かに部分的にはそのような面も備えているのかもしれないが、大筋ではノーである。少なくともレジリエンスの視点からいえることは、彼らは目の前の問題を、越え難い壁とか完全な袋小路とは見なしていないことだ。どんなに大きな問題も、自分の歩む道の途上にたまたま横たわっている「障害物」としか考えない。その向こうには自分の歩む道がこれまで通り続いているのだから、どうすれば障害物を乗り越えられるかだけに知恵を働かせ、集中すればよい、と捉えているのである。

以下ではこのように、臆せず、気負わず、自然体の姿勢で問題と向き合うための心得や方法について考えてみよう。

大きな問題は小分けにして対処する

ホロコースト体験者のレジリエントな姿勢の一つに、「問題を大きいまま抱え込まずに小さく分けること」と述べていたことを覚えているだろうか。このように捉える姿勢は、海難事故や山岳遭難で生き延びた人々にも見られるもので、危機を脱する際に落ち着いて行動しようとすれば、必然的に心に湧きおこる本能的な知恵の一つなのかもしれない。

身近な例を一つ。会社として威信をかけた新製品説明会を明日にひかえ、企画広報課長のKは発表資料を手に取って満足げに見ていたが、ある個所に目が止まり顔色が変わってしまった。製品価格の「0」が一つ足りず、十分の一の価格で表記されていたからである。もしやと思い、完成したばかりの製品パンフレットや営業向けの簡易資料にも目を通したところ、いずれも価格が間違っている。広報と販促の全責任者であるKにとってこれは一大事。

さて、Kが事態収拾のためにやらなければならないことは何だろうか？

図表５：大きな問題を小分けにする

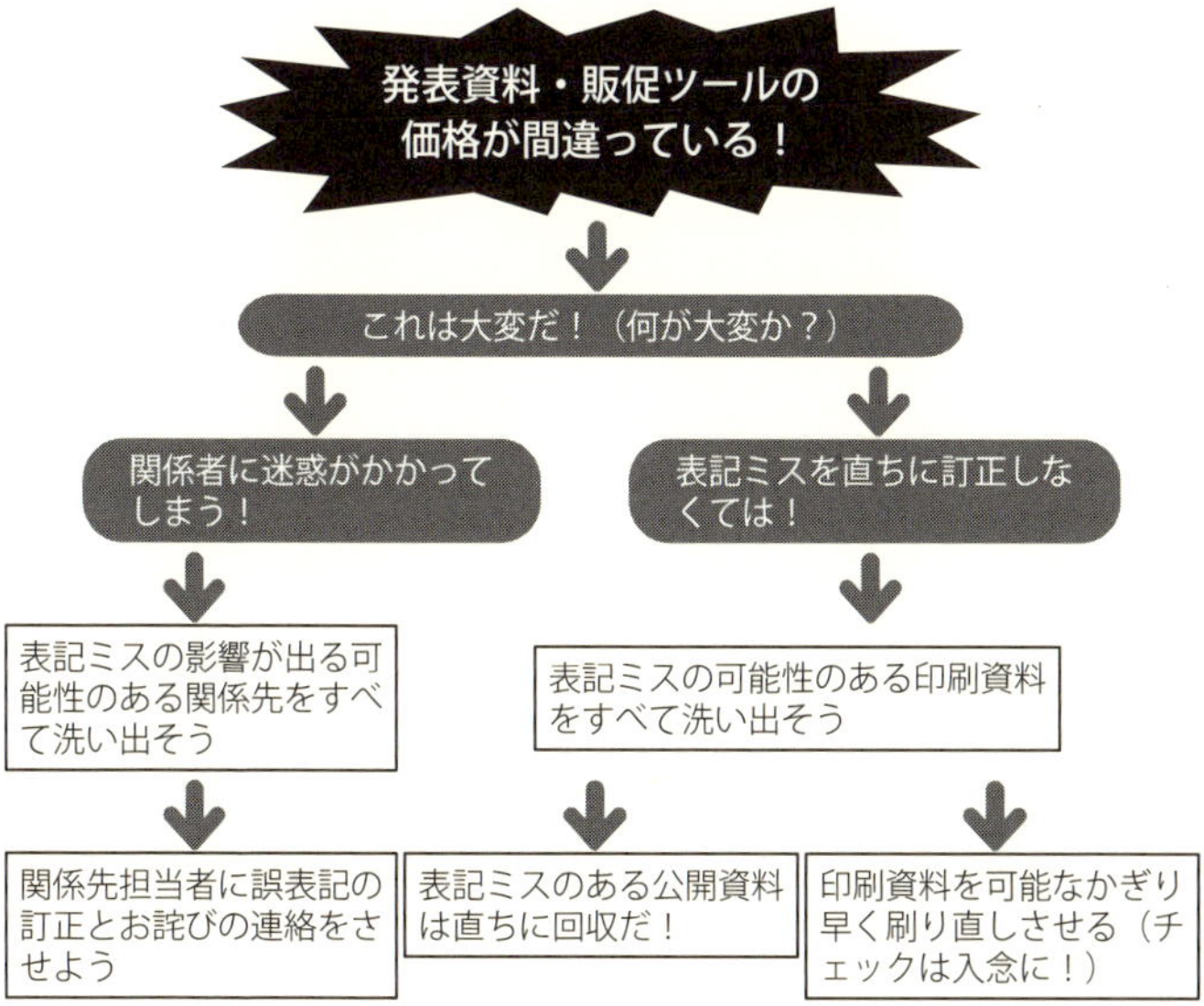
発表資料・販促ツールの
価格が間違っている！
これは大変だ！（何が大変か？）
関係者に迷惑がかかってしまう！
表記ミスを直ちに訂正しなくては！
表記ミスの影響が出る可能性のある関係先をすべて洗い出そう
表記ミスの可能性のある印刷資料をすべて洗い出そう
関係先担当者に誤表記の訂正とお詫びの連絡をさせよう
表記ミスのある公開資料は直ちに回収だ！
印刷資料を可能なかぎり早く刷り直しさせる（チェックは入念に！）

これについては、たとえば図表5のようにブレークダウンできるだろう。この図では、フローチャート的に時間の順序にしたがって示してあるが、緊急を要する場合には、現場担当者に指示してすべてを同時並行的に処理したり、順序が変わったりすることもある。まずは「もっとも気になること」を無作為に書き出してみるというのが、基本的な姿勢ではないだろうか。

「大きな問題を小さく分ける」という考え方は、基本的かつ実践性が高く、誰でも取り組める方法である。職場では、業務上の失敗などを解決する際になかなか思い通りにいかないとき、緊急性の高い事態に直面するも問題が大きすぎて取りつく島がないときなどに役立てることができるだろう。

また、自分一人ではどうにもならない問題なら、上司や同僚、部下、あるいはチームワークとして解決することも必要である。人に迷惑をかけまいと、自分一人で抱え込んでしまうと、それだけ問題を大きくして取り返しのつかないことになる。

この方法のコツは、どうすれば「これなら自分（たち）にも対処できる」というレベルまで問題をブレークダウンできるかにある。この種の問題解決の参考書は多々あるので、少し研究してみることをお勧めする。

IDEALによる五ステップの問題解決

他にも、次のような問題解決法がある。J・D・ブランスフォードとB・S・スタインによる「IDEAL」と呼ばれる五つの解決ステップである。

①　問題を発見する（Identify）

何が問題となっているかを知るということ。問題は往々にして勘違いや取り違いが起こりやすいものである。この問題の根っこはAにあると思っても、見る角度を変えるとBだったりする。このあたりをしっかり見極めることが大切である。

②　問題を定義する（Define）

問題のありかをつかんだら、それがなぜ、どのように問題化したのかを書き出す。問題が発生した経緯を理解することによって、その解決策も導きやすくなる。

③　解決策を考える（Explore）

問題の核心をつきとめ、それがなぜどのように起こったかを理解したら、次は問題の解決策を考える。ブレーンストーミングなどを使い、さまざまな解決案を練ってみよう。解決案のリストができたら、その良し悪しや実現性を吟味して最終案を絞り込む。

④　解決策を実行する（Act）

解決策が決まったら、それを実際に問題に適用する。結果は良好かもしれないし、失敗するかもしれない。

⑤　見直しと改善を行う（Look back and learn）

成功、失敗にかかわらず、実行した結果だけでなく、その経緯や手順についても振り返って評価する機会を設ける。失敗ならばその原因を見定めて、もう一度③から（必要に応じては①や②に戻って）やり直す。成功なら申し分ない。

ＩＤＥＡＬは、誰にでも理解できる基本的で素朴な手順であることがわかる。この方法は研究開発や設計、コンピュータプログラミングなどにも活かされている。明日からでも業務まわりの身近な問題の解決などに役立てられるのではないだろうか。

ＩＤＥＡＬを補う創造的問題解決法

ＩＤＥＡＬは基本的でオーソドックスな方法ではあるが、こうした論理的な解決法にはいくつか難点があることも否定できない。例えば、情報過多になりがちで判断・検討に苦慮する、情報が正確である保証がない、グループによる作業では議論先行で意見がまとまらない、予算の問題（解決策が実行に移せない）、コンフリクト（グループ間の競合など）といったことである。

こうした難点を補う方法として着目されているのが、「創造的問題解決法（Creative Problem Solving Skill）」である。創造的とかクリエイティブといった言葉は、芸術家やデザイナー向けのニュアンスがあるが、ここではそのような特別な意味はない。創造的問題解決法では次のような方法を重視する。

・経験や教訓を活かす
・論理的な思考よりも、直感、洞察力、創意工夫を活かす

・複数の代案や候補案をプールしておく（最適な解決策を一つに絞り込まない）

ある精密機械部品メーカーの例がある。[5] この会社は二期連続の赤字となり、社長は危機感を強めていた。寝ても覚めても「経営改革」の四文字が頭から離れない。

そんな折、工場を訪問した人から「あなたの工場では従業員がお金を踏んで歩いている（油で黒光りした床に細かな製品が散乱している）」と言われた。するとそれが過去の記憶を呼び覚まし、以前セミナーの講師から聞いた「環境整備によって社員の心も磨かれる」との言葉を思い出させたのである。社長は一念発起し、「まずは社内環境の整備をやってみよう」と実施に踏み切った。その結果、従業員の士気が目に見えて高まり、翌年には黒字転換を果たしたのである。

もちろんこのケースでは、社長があらかじめ創造的問題解決法を知っていてこのようなアイデアを導いたのではない。藁をも摑む気持ちで思いついた苦肉の策だったのだろう。しかし結果的に、それが業績回復に導くだけの力を持っていたわけで、まさに創造的なアプローチが功を奏したといっても過言ではない。

《本章のまとめ》

◎危機に直面したときは、何よりもまず「落ち着く」ことが大切。感情的になったりパニックになったりすると、レジリエンスを発揮できなくなる。

◎ポジティブとは、ものごとを肯定的にとらえ、自ら周囲に働きかける共感的姿勢を指す。必ずしも日本語の「楽観」と同義ではない。

◎「強み」には実用的なものと、資質や性格、生きる姿勢と結びつくものの二種類がある。どちらの強みも意識しておくことによって前に進む力となる。

◎固定観念は自分のなかから除去することはできない。ポジティブな固定観念は信念となる。ネガティブな固定観念は早めに自覚し、意識的に抑えることが大切。

◎自己効力感を高める方法――「可能性を狭めない習慣」を身につける。
「小さな成功事例」を積み重ねたり、過去の成功例を反すうしてみる。
◎「問題解決スキル」は、自己効力感を空振りで終わらせないための実践的側面である。

Part2

レジリエンスを応用する

第3章

メンタルクライシスに先手を打つ

レジリエンスは
「危機」に直面することで発揮される力である。
ここからは、
レジリエンスを私たちの危機対応に
活かすためのアプローチを考えてみよう。
この章で取り上げるのは、
日常のなかで最も身近な個人の心の危機、
すなわちストレスや
メンタルの危機への応用についてである。

仕事上の衝突をどうすればいいのか

やる気を損なう最大の原因とは？

ＩＴ関連の会社に勤めて二年になるＨ氏は35歳のシステムエンジニアである。妻と二人の子どもがいる。彼の心の危機の始まりは、この春、別の部門から赴任してきた新しい上司の一言にあった。

「キミ、その歳になるまで何をやってきたんだい？」

Ｈ氏はプロジェクトの主任だった。たまたまメンバー交代の際に生じた引継ぎミスと、それにともなう小さなバグの見落としを指摘されての一言だった。寛容な上司ならば黙って見過ごす程度のささいなことだったが、この上司は違っていた。

その後も、事あるごとに何でもないような小さなことを上司はあら探しし、そのことを突いてきた。

彼は次第に、上司の一言一言がトゲのように心に刺さるのがつらくなってきた。やがて会議の場や進捗状況の報告などで上司と対話しなければならない段になると、気分が落ち着かなくなり、腹痛や震えなどの身体症状が出るようになった。

半年ほどして妻からの勧めもあって精神科を受診したところ、身体症状を伴った適応障害と診断された。治療は抑うつ症状の改善をはかるための薬の処方と、イメージトレーニングが中心だった。しばらくはその効果もあって、改善してきたような気にはなっていたが、上司と会話するときになると心拍数があがって体が震えるといった症状は、なかなかおさまらなかったのである。


ホワイトカラーを対象にしたある調査によると、職場での衝突や、やる気を損ねる原因の多くは、議論における意見の食い違いや待遇への不満などよりも、相手からの「不適切な批判」にあるという。何の落ち度もないのにとつぜん悪者扱いされる、叱られる、会社のためにと一生懸命やったことが一言でけなされる、全員の前で恥をかかされる、無視されるといったことだ。

いちいち気にしてたら仕事なんてできやしない。暑さ寒さ、雨風みたいなものさ。朝叱られても昼以降には持ちこさない。ビジネスパーソンの多くは、そんな気持ちでやり過ごすのがふつうだ。

ところがこの例のように、相手からの不適切な批判をうまくかわせないこともある。その一言がストレスとなり、場合によってはトラウマとなり、繰り返し襲ってくるウツのような症状につながってしまうこともあるのだ。

横柄な上司、それにおびえる従業員、部署間のあつれき、ライバル同士の反目といったものは、ある意味では組織の属性みたいなものだ。しかしその一方で、目には見えないところでじわじわと致命的な影響が出ているのである、仕事の能率の低下、集中力の欠如、納期の遅れ、顧客対応やサービスの低下、事故や故障の頻発、優秀な人材が辞めて他社に移るといったことだ。

残念ながらこうした影響のほとんどは、あくまで当事者本人の問題として処理され、再び「何やってるんだ、しっかりしろよ！」という不適切な批判に立ち戻ってしまうのである。こんなとき、レジリエンスは個人に対してどのように作用するのだろうか。それを次に見ていこう。

衝突の原因は何であれ、湧きおこる感情はどれも同じ

なぜ繰り返し衝突が起こるのだろうか。その一つひとつには、実にさまざまな原因やきっかけがある。典型的なものでは次のようなパターンが考えられる。

① 虫の居所がよくない

家族とけんかして自宅を出る、会議でたたかれ、イライラを募らせながら席に戻る。そんな虫の居所のよくない相手に何かを頼んだり、相談を持ちかけようとすれば、好ましい返答は期待できないだろう。

② 上司からの爆弾フィードバック

プロジェクトが進行している。定期的に進捗状況を上司に報告する。報告内容に「気になること」があっても、多忙な上司はひとまずうわの空で了解する。これが繰り返される。

しかし上司の「気になること」が積もり積もると、ある時点でそれが頂点に達し、はげしい批判や叱責となって噴出することがある。

③　明らかに自分に非がある場合

自分のうっかりミス、段取りの悪さ、手抜き、油断などが原因である場合、その失敗に対する上司からの叱責や周囲からの非難は理に適っている。

④　相手への不信・相性の悪さ、敵対関係

これは衝突の種を完全に身につけてしまったもので、根は深い。当面はお互いが接触しないように工夫（配属先を変えてもらうなど）できればベストだが、実際にはむずかしい。

⑤　自分の地位・立場が作り出した驕り、相手への共感の欠如、性格の歪み

例えば昇進後にやたらと態度や言葉遣いが横柄になったりする。これも衝突の種が完全に根づいたパターンだ。いわゆるパワハラの典型的な原因の一つだろう。

このように、衝突の原因を探りだせばいくらでも見つかる。しかしどんな原因であるに

せよ、その結果私たちのなかに湧きおこる不愉快な感情はどれも同じなのである。とすれば、今あなたにとって最も必要なのは、その原因にストレートに反応してしまう自分の「感情」をどう処置するか、それを考えておくことではないだろうか。

相手からの批判や攻撃をそのまま受け止めてしまっては、余計に自分を追い込むことになる。したがって激しい感情が湧き立つ前に、そのことを自ら自覚し、それをかわさなければならない。レジリエンスはこのときどんな手段を提供するのだろうか。

批判や攻撃をストレートに受け止めない

相手からの批判や攻撃を真に受け、これがじくじくと気に病む習慣として根づかないようにするためには、批判を受けた直後の被害者的感情をどうすべきか意識することが鍵になる。この意味では、衝突を緩和するための初動のあり方はきわめてシンプルなものだ。次のことを実行してみよう。

まずは「日常の心構え」である。職場では、つねに何らかの批判や衝突はつきものだということを、日頃から意識しておこう。頭がよく、上司や同僚からも一目おかれていて、何事も順風満帆でそつなくスマートに仕事をこなす人ほど、この種のリスクに対しては脆いところがある。

誰からも批判も否定もされずに過ぎてゆくと、知らない間にプライドの壁が高くなってしまって、とつぜん批判を受けたときに脆くも崩れ落ちてしまうのはよくある話だ。批判や衝突のリスクをあらかじめ心の隅にしのばせておけば、いざというときでも「そらきた！」という余裕の意識で臨むことができる。

実際に批判を受けたときの対処方法については、第2章で述べた次の二つが役に立つ。一つは「感情のコントロール」。怒りを爆発させればお互いに火に油を注ぐようなことになるし、批判をスポンジのように心のなかに吸収してじっと耐えることは、これまたストレス障害などを誘発する原因になるだろう。深呼吸でもジョークでも散歩でもなんでもよいから、この局面ではまずガツンときた衝撃を少しでも逃す工夫を試みよう。

もう一つは「ポジティブな姿勢」。この場合のポジティブとは、自分に批判を向ける相手に積極的に関わろうとすることではない。逆に「受け流す」こともまた、その場をポジティブにおさめる一つの方策なのだ。まじめに受け取って深く考えてしまうと、逆に自分の釈明や反論が口から出ることになる。それとなくうなずく（肯定も否定もしない）だけでよい。

無慈悲で手厳しい批判ほど、相手には深い意図はない。多くの場合、相手はそのような言葉を吐くことで気分を晴らしたいだけに過ぎないからだ。

そして最後に、「あの一言」がどうしても許せない、あるいはトラウマになって仕事が手につかないといったこともあるだろう。このような事態を避けるためには、自分に向けられた不条理という圧迫感を解きほぐす工夫をしなければならない。

身近な方法としては、少し時間が経って気持ちが落ち着いてきたら、「あのときの何がいけなかったのか？」を自問自答してみる。同僚や友人、あるいは家族との共感的な対話を通じて衝突の圧迫感が癒され、気持ちがほぐれていくといったことも考えられるだろう。

レジリエンスは「言葉」で人を動かす

ここでは視点を変えて、職場の「上司」の立場からレジリエンスのあり方を考えてみよう（上司＝グループやチームのリーダーと読み換えてもよい）。

上司はその立場上、権限を行使しなければならない。部下たちを引っ張っていくためにはある程度の「力強さ」をアピールする必要があるし、何としても結果を出してもらわなければと思えば、つい彼らに対して語気を強めてしまうこともあるだろう。

しかし、こうした習慣が次第にエスカレートしていくと、弊害を作り出す可能性のあることも留意しておかなくてはならない。それが〝言葉の乱用〟である。

いつも上から目線で発言してはいないか。プロジェクトがうまくいかないのは予算が少ないからだ、部下やメンバーが無能だからだとこぼしてはいないか。相手に白黒はっきりさせるよう迫る、失敗を責める、目標は達成できて当たり前といった空気を作り出してしまうと、個人は十分に能力を発揮できないばかりでなく、何かつまずいたときには大きな無力感と自己嫌悪の深みにはまってしまうだろう。

おなじみのイソップ寓話「北風と太陽」を思い出そう。力ずく、すなわち厳しい態度で人を動かそうとしてもうまくいかない。しかし寛容な言葉や態度で接すれば人は理解してくれるし動いてくれる。「北風と太陽」の教訓はレジリエンスの実践にもそのまま当てはまる。レジリエントな上司がいる職場では、個人のやる気や可能性に配慮した言葉を使うことで、自省や再挑戦、新たな一歩を促すことができるのである。例えば次のように。

部下に進歩や進展が見られないとき……

「もう一山越えられそうかな」
「まだ何か不足しているものはないだろうか」
「さらに先へ進むために必要なことは何だと思う？」

部下が何らかの手痛い失敗をしたとき……

「この件（失敗や問題）について、今からできる最善の策は何だと思う？」
「この件について、どのような解決が考えられた？」
「この件で学んだことは何ですか？　今後それをどう活かそうと思いますか？」

部下を失敗から立ち直らせようとするとき……

「次の目標として考えていることはあるだろうか？」
「このぐらいの失敗ではへこたれないことを、みんなに見せてやろうよ」

言葉に配慮するということは、単に叱らない、波風を立てない、相手の機嫌を損ねない、放任するといったこととは違う（これでは職場が生ぬるくなるだけだろう）。叱るときは叱る、毅然と責任を問う。必要ならそうして然るべきである。要はそれが自分の衝動的な感情や私的な利害意識から湧きおこった一方的な批判、前に述べた「不適切な批判」になってはいけないということである。あくまで部下との対話を通じて出てきた思慮ある建設的な言葉でなくてはならない。

失敗のトラウマから抜け出すために

どうせ次もダメに決まっている……

派遣社員の彼女の悩みは尽きない。しょっちゅうミスを犯す、と感じているからだ。電話対応でお客様への説明を間違える、データの入力を間違える、指示書を読み間違えて誤った処理をしてしまう。周囲から冷たい目で見られている、後ろめたい、派遣元の会社に迷惑がかかるという意識が次第に強くなり、余計に気持ちがこわばってしまうのである。

いつしか彼女は自分がいたたまれなくなり、ついに仕事を辞めてしまった。しばらくして再び別の派遣の仕事が決まった際にも、その及び腰な気持ちは晴れることがなかった。それどころか前の職場でのミスがフラッシュバックし、いやな不安に襲われるのである。

「どうせ次もミスするに決まっている……」出社を前に、彼女の口から出た言葉だった。

失敗が度重なると、多かれ少なかれ誰しも「次もまた失敗するかも……」というネガティブな思いにとらわれることがある。就職活動がなかなかうまくいかない、多くの見込み客のところに営業に行ってもどこも門前払いだ、研究開発がうまくゆかず、しょっちゅう自己嫌悪に陥ってしまう、といった苦い経験を持つ人は数知れない。

しかし、失敗の連続についてはこのように考えることもできる。一匹の蟻がエサを求めてあちこち歩きまわっているとしよう。蟻のたどった跡を特殊なカメラで一筆書きのように記録できたら、一本の糸が複雑に絡み合って収拾がつかなくなったような図ができるだろう。しかしそうした蟻の行動を、失敗の連続だとか非効率だとは誰も考えない。生きていくための必然の行動だからである。

日常の業務活動のなかで繰り返し起こる失敗も、同じようなものだ。私たちが生きていく上での単なる通過点の一つに過ぎないのである。

私たちが失敗の繰り返しを悩むとき、そこにはいくつかのパターンがある。例えば次のようなことである。

一つは、失敗を過去の傷跡とみなし、早く忘れたいと思う。したがってそこには、なぜ自分は失敗したのか、どうすれば防げるかを振り返る姿勢が生まれない。失敗の原因が究明されずにいつまでも残り続けるから、やはり同じ条件のもとでは同じ失敗を繰り返す可能性が高くなる。これは問題の解決を先送りする怠慢な姿勢に他ならない。

また、ある種の確信的な失敗の繰り返しもある。仕事があまりに忙しいから、自分はおっちょこちょいな性格だからミスが頻発して仕方がないと思っている場合だ。ミスが繰り返されるのを想定内として自分で納得している。納得して悩む割には「仕方がないことだから」と直す気が起こらない。失敗を運命のように捉えているのはＥＬＯＣ型の特徴だ。

最後は、過去の手痛い失敗がトラウマとなって、次に取り組むべきことに自信が持てないといったケースだ。会社から選ばれて責任あるポストに就いたまでは良かったが、思うように力を発揮できずにポストを解任された。多大な夢と期待をかけて取り組んだプロジェクトが何らかの理由でとん挫した、失敗に終わったといった場合である。

本人にとってはある種の不可抗力であり、それだけに無念さや挫折感、喪失感、無力感も深いものがあるだろう。

失敗の連鎖を誘うクセや習慣

「どうせ次もまた……」や「なぜいつもこうなんだ」といった心境の裏には、いくつかの無視できない日常の習慣やクセが隠れていることもある。次の三つはその典型的なものだが、これらに気づいて少しでも避ける工夫をすることが、失敗の誘発を取り除くためのヒントとなる。

① 心配性である

ともするとネガティブに先を読み過ぎて、一人勝手に不安や不信の感情を抱いてしまうケースである。交通事情で客先に少し遅刻すると、次から注文が来なくなるのではと気落ちする。少し胃の調子が悪いと胃がんに冒されているのでは、とおびえる。私たちが不安を抱える出来事のほとんどは、あとから振り返ると不安なことでも何でもなかったということの方が圧倒的に多いものである。

もしかして○○なのでは?、もし自分が△△に陥ったら? ……という心配が芽生えたら、すぐに同僚や友人とおしゃべりにでも興じて不安を紛らわすのが一番である。

② 針小棒大に反応する

業務上のちょっとした失敗でむしゃくしゃしたり、他人から言われたささいな一言に腹を立ててしまって、その不愉快な気分が何日も続く人がいる。第三者から見れば取るに足らないことなのだが、本人にとってはとても許し難い出来事であるわけで、そのことによって何日も自分で悩むことになる。

このようなクセのある人は、感情のコントロール（落ち着く）をまず実行してみよう。少し気分がおさまったら、次は不愉快になった原因と、それがどれほど自分に実害を与えたのかをもう一度振り返ってみよう。おそらく多くの場合、それが過剰反応にすぎなかったことを悟ることだろう。

③ 暗い面ばかり考えてしまう

表向きは明るく熱心に仕事に励んでいても、内心は一寸先が闇の人もいる。ライバルのP子は企画広報課長に抜擢された。S子は先日寿退社したばかり。あー、自分は何をやっているんだろう。こうやって独身のまま年をとり、年老いた親の介護をして人生を終わってしまうのかしら……。暗い面ばかり考えていつもため息ばかりついているわけである。

このような人には日記をつけることをお勧めする。ただしネガティブなことは書かない。一行でも二行でもよいから、楽しかったこと、うれしかったことだけを書くのである。そしてそれを定期的に読み返してみよう。自分の生活、自分の人生はまんざらでもないことに気づくだろう。

相手を観察することが自己効力感を呼び醒ます

失敗による精神的危機を乗り越えるきっかけを与えてくれる「自己効力感」は、レジリエンスの要素のなかでもとくに重要なものだ。これを高める方法の一つとして、第2章では「小さな達成感を反復する」「過去の成功体験を思い出す」ことを述べた。しかし自己効力感の提唱者、バンデューラはここに一つ釘を刺している。

自己効力感が十分に育たないうちに〝多くの失敗経験〟をすると、自己効力感が低下してしまうというのである。人はうまくいったことよりうまくいかなかったことを強く記憶する傾向があるから、成功の記憶が呼び出されにくいということなのだろう。

しかしバンデューラは、同時に別の方法も提案している。それは「代理経験」と呼ばれているもので、自分以外の人が何かを達成したり成功したりすることを観察することによって、自己効力感を呼び醒まそうとする試みである。

この「観察」とは、親兄弟や友人、知人、同僚、先輩や後輩、クラスメイト、チームの仲間といった身近な関係を通じて実際に見たり聞いたりしたこと、本で読んだ知識なども含めてよい。考えてみれば、これは特別なことではなく、私たちが日頃から何気なく行っていることでもある。観察したことをどのように自己効力感につなげるかについては、例えば次のようなケースが考えられる。

一つは、「あの人ができるのだから、自分にもできるにちがいない」と自分を説得する形で自己効力感を引き出す方法である。例えば、「そんなに若くはない華奢なAさんでさえ、マラソンで完走したのだ。自分にも完走できないはずはない」といったものだ。

もう一つは、「あの人よりも自分の方ができる」という一種の優越感を呼び醒ますことである。例えば、「自分はサッカーの試合で小さなミスを連発したが、間違ってもK男のようにオウンゴールを入れてしまうなどという失態はしない」「またプレゼンテーションで舞い上がってしまった。もういやになってしまう。しかし、S男よりはうまくできる自信はある」といったものである。

どちらの代理経験も、観察する相手が自分の境遇や立場、年齢になるべく近く、性別も一致している人物の方が親近感が湧き、自己効力感も引き出しやすいとされる。代理経験という方法は、自分の成功体験から自信を取り戻すような、地に足のついた感覚には乏しいが、失敗続きの人なら積極的に試みる価値はある。

ポジティブなフィードバックを心がける

最後に、職場の「上司」の立場から、部下の失敗やミスに対してどう向き合えばよいかを考えてみよう。「何度失敗したら気が済むんだ?」「キミにまかせたのが間違いだった」の一言でよいだろうか。

前節では、リーダー自身が「言葉」に配慮することで、部下との衝突を避け、やる気を引き出せることを述べた。部下の失敗に対しても同じことがいえるのではないか。この一つのヒントとして、スタンフォード大学の心理学者キャロル・S・ドゥエックの実験結果がある。[1]

ドゥエックは、子どもの心理研究を通じて、子どもには「いろいろなことを学んだり挑戦したりするタイプ」と、「失敗をおそれ、新しい事に挑戦するのを避けるタイプ」があることに気づいた。そこで「子どものほめ方が性格の違いに影響しているのではないか？」との仮説を立て、次のような実験を行ったのである。

子どもたちを二つのグループに分けて二回問題を出す。一回目の答えが出たところで、一方のグループの子どもには「頭がいいね」とほめ、もう一方のグループには「よくがんばったね」とほめる。そして二回目の問題を出すときに「一回目と同じレベルの問題を解きたいか、もっとむずかしい問題を解きたいか」を子どもに選ばせる。

すると二つのグループにははっきりとした差が表れたのだ。頭の良さをほめられた子どもの大半は簡単な方の問題を選び、努力をほめられた子どもの九割は、よりむずかしい問題を選んだのである（図表6参照）。

ここから何がわかるだろうか。頭の良さをほめられた子どもは、むずかしい問題を解き損ねて評価が下がるのをおそれ、同じ簡単な問題を解こうとする。努力をほめられた子どもは、努力することに喜びを感じ、新しいことに積極的に挑もうとするのである。

図表６：ドゥエックによる２つのほめ方

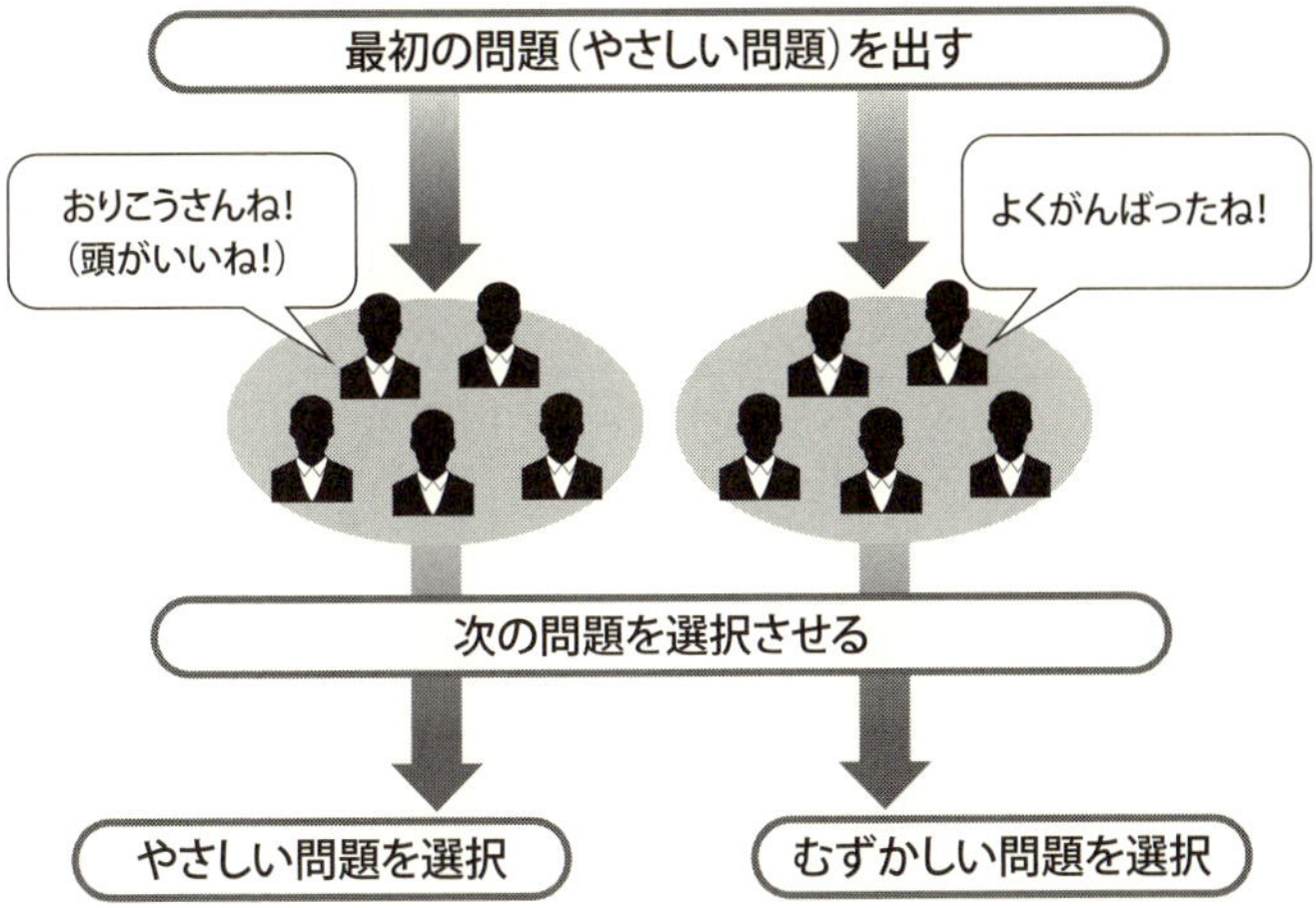

この話は、けっして子ども特有の心理に限ったことではない。たとえ社会人であっても、度重なる失敗を気に病む人は自分の頭の良し悪しを気にかけるものだし、自分を賢く見せることに終始して失敗のリスクをとれない一流大学出身者もいる。

失敗を気に病み、恐れる部下たちに対して、上司にできることはシンプルなものだ。それは、たとえ部下が失敗しても、不適切な批判や否定、ましてや攻撃したりしないことである。その代わり、相手を「認める」のである。子どものケースでいうところの「努力をほめる」のである。知識の有無や頭の良し悪しを言葉に出してはいけない。

成果主義のように結果がすべてという姿勢ではなく、部下のこれまでがんばってきたプロセスを認めることによって、彼らの失敗のハードルは乗り越えられるにちがいない。そのとき失敗は、「ダメ人間」としての刻印ではなく、限りなく繰り返される人生の試行錯誤学習の一つに過ぎないと思うようになるだろう。

エリートたちのメランコリー

キャリアウーマンの過剰ストレス

彼女は頭がよく模範的で、親の期待に応えて成長した典型的なキャリアウーマンだ。今は夫と名門高校受験を控えた一人娘がいる。几帳面で勝気な半面、気分転換などは上手い方ではなく、あまり融通の利かないタイプである。

ある年の春、彼女は本社のエリートコース選抜審査をパスし、女性初の総合職のポストを得た。会社は私に注目している。他の女性社員たちの模範にもならなければ。ミスは許されない。彼女ははりきった。

ところがその後、総合職特有の負荷が彼女にのしかかってきた。要求度の高い職務に加え、不慣れな根回しや部下の管理など、なかなか思い通りには仕事がはかどらなかったのである。部門全体の成績も前任者ほどには伸びない。やがて焦りや不安が前倒しで彼女の心をさいなむようになった。

加えてこの頃から、家庭内のことも心配になりはじめた。娘の受験は大丈夫だろうか。仕事のプレッシャーと娘の受験への心配から、彼女にストレス症状が見られるようになったのである。ときどきめまいや吐き気をもよおす。朝起きると頭が重く、とてもゆううつな気分だ。なんとか出勤して本社ビルの玄関前に立つも、動悸がし、冷汗が流れ、足がすくんでしまう。

これはいけない。彼女は「ストレスからきた肉体疲労にちがいない」と思い込み、とりあえず内科を訪ねた。が、内科医は彼女の診断結果を深刻な事態（ストレス障害）と受けとめ、すぐさま精神科外来を紹介することになったのである。

このケースの場合、彼女自身の問題を考える前に、まずは組織としての対応がどうだったのかが気になるところである。これまで男性社員の聖域とされたポストに彼女を就かせる前に十分な管理者研修を受けさせ、よく起こる典型的な問題や課題についてアドバイスや教育指導を行ってきたかどうか、男性社員と同じ感覚でいきなり女性登用の方針を決定したのではないか、といった推測もできる。

では、彼女自身の対応についてはどうか。心身に異常を来たすほど自分を追い込んでしまった原因は何だったのだろうか。こうなるまでには、自ら何がしかの軌道修正を行うチャンスはあったのではないか。

結論を急ぎたいところだが、もう一つ次のケースも見ていただきたい。これもまた、キャリアウーマンの事例と共通する特徴や問題点を垣間見ることができるのである。

「こんなはずではなかった」海外転勤者のジレンマ

彼は仕事熱心で几帳面、責任感が強く、上昇志向型のエリート社員である。ある日、会社から海外転勤の辞令を受けた。任期は三年。赴任先は中国だが、いきなり事業所長に任命されたのも驚きだった。

これで俺も出世コースの仲間入りだ。彼は三年後に人間が一回り大きくなり、英語はもとより中国語もペラペラの国際ビジネスマンとして帰国する自分を想像した。やる気満々だった。

妻は乗り気ではなかったため、一人単身赴任することにした。季節の変わり目に入って間もなく、彼は中国の大都市にほど近い公寓（賃貸マンション）に一人居を移した。

最初の頃は見るもの、聞くものすべて新鮮だった。中国人スタッフたちの心づくしの接待もうれしかった。ところがそんな蜜月も長くは続かなかったのである。

仕事では予想もしないような現地の商習慣に悩まされた。得意先からの支払いは滞る、中国人の営業担当は自分の裁量で勝手に経費を使い込む。昨日できますと言ったことを、今日できませんと平気で覆されることもしばしばだ。

彼は本社に何度かメールでこの状況を訴え、改善の手立てを求めたが、本社からの返事は形式的なものだった。もちろん妻にも悩み多きことをメールで打ち明けた。しかし、そもそも彼の書いたメールは弱みや泣き言と受け取られまいと、当たりさわりのない曖昧な表現を使ったものだったため、会社にも妻にも、彼の切迫した心情までは伝わらなかったのである。

その後彼は、いったん早朝に目覚めると、その後寝つけなくなるといった日が多くなった。酒の量も増えていった。たまに同じ日本人仲間たちと気分転換も試みたが、事業所長という立場上の孤立感は癒えることはなかった。精神的に耐えかねた彼は、やがて一年を待たずに会社に帰国を願い出た。しかし深い挫折感と押しつぶされたプライドはその後も改善せず、精神科医の勧めもあって、とうとう退社することとなったのである。

あるデータによると、海外転勤者がうつ病にかかるリスクは国内転勤者の三倍以上だという。海外でのミッションという輝かしいステータスが、仕事や生活の現実を覆い隠してしまうといっては大げさだが、そこにはいくつもの「こんなはずではなかった！」が立ち現れるのである。

一見すると、高い自己効力感を持ち、レジリエントであるかのように見える彼には、心の危機に対してどんな対応の不備があったのだろうか。

レジリエンスは「行き過ぎ」にブレーキをかけてくれる

これまで見てきたキャリアウーマンと海外勤務の男性には、次のようなエリート共通の特徴が読みとれる。

・がんばり屋、几帳面、責任感が強い、勝気、完璧主義

・自分の未来に対する過大な期待と過剰な気負い

二人は親や先生の期待、社会に出てからは会社の期待を背負って、それに応えるために全力投球してきた。一見すると、彼らは非常に高いレジリエンスを身につけたエリートのように見える。

しかし実際はどうだろう。周囲の期待に応えることは、果たして自主的に自分の人生を切り拓く力、逆境を乗り越える力とイコールでつながるだろうか。むしろ自分の外にある世界に自分を合わせようとして、必死になっているだけではないだろうか。

レジリエントになるということは、ＩＬＯＣ型（自分の人生や運命は自分で切り拓ける）のパーソナリティを高めることである。どのような状況や環境にあっても、それに飲まれることなく、自らをコントロールできる冷めた自分を心の底にしのばせておくということだ。

ところが彼らは、新しいポストに飲みこまれ、会社の期待に飲みこまれ、自分の過剰な気負いと責任感に縛られてパンパンになっている。むしろＥＬＯＣ傾向の強い人々のようにも思えるのである。もし彼らが本当のレジリエンスを身につけていたとしたら、どのよようにふるまっただろうか。以下ではいくつかのレジリエンスの要素を当てはめて考えてみよう。

まず初期の段階で、自分の能力が発揮できるかどうかわからない総合職や事業所長のポストをどう判断したかだ。これらはより高い上昇志向と「やればできる」という強い信念（自己効力感）のもとで自ら望んだものなので、その選択は間違いではなかった。

問題なのは、職務に従事してから徐々に自分の思惑と異なるギャップが広がってきた段階だろう。自分の思い通りにならず、さまざまな問題や課題が積み重なっていくなか、彼らが必要だったのは、自分の「強み」や「固定観念」を抑制することであった。

例えば「高い能力を買われているのだから必ず期待に応えなければ」「ここで引き下がったらおしまいだ」「後継の女性たちの模範になろう」といった強い思いを、もっと控えなければならなかったのである。

そしてもう一つ、いや本当に参った！　勘弁してほしい！という心の叫びが出る前に、「ポジティブな姿勢」を実践する必要があった。ポジティブとは、単に煩わしいことを考えずにノー天気でいることではない。自ら相手を探して心を共有しよう、共感を得ようとする行為だ。

ポジティブになることで、自分の職務上の立場をいったん脇に置いて、他の同僚とフランクにつき合うことができる。そこで弱みや本音をさらけ出すことができれば、八方ふさがりの精神的孤立は避けられたにちがいない。そして失敗や問題の原因をすべて自分の能力やスキルのせいにして追いつめてしまう、といったこともなかっただろう。

これらの例から、レジリエンスとは鋼鉄のような強い心を持つことではないこと、レジリエンスのそれぞれの要素は、すべてアクセル全開で発揮するものではなく、むしろ音響ミキサーのように強弱をつけて調整的に発揮するものであることがわかるのだ。

レジリエンスを育む職場環境とは

会社としてサポートすることを宣言する

これまでは、仕事にまつわるメンタルクライシスに対処するために、個人としてレジリエンスをどう活かすことができるかについて述べてきた。しかしこれだけでは十分ではない。会社という環境が、毎日のようにストレスの原因を作り出していては、個人のレジリエンス力だけで対処するには限界があるからだ。

逆にいえば、会社として積極的に個人のレジリエンスをサポートする対策をとることで、職場の雰囲気はより好ましい方向へ改善される可能性があるし、何よりも従業員一人ひとりの仕事の能率や生産性の向上が期待できるのである。

そこで、これまで述べてきたこととは少し色合いが異なるが、以下では個人のレジリエンスをサポートするために会社として何ができるのかを考えてみよう。
ここでは次の三つのアプローチを提案する。

・社長自らポジティブな環境づくりを宣言する
・学習の機会を奨励する
・個人・職場のストレス管理を実施する

一つ目の「社長自らポジティブな環境づくりを宣言する」の大切さは、ここで語るまでもない。どんなにテクノロジーが生産性を高め、業務効率化の主役になったとしても、それを使いこなすのは「人」である。プロジェクトを成功させるのも、斬新なアイデアを商品化できるのも、お客様のニーズを汲み取り、あるいは親身になってクレームに耳を傾けるのも、すべて人の力である。テクノロジーにはできない。

その意味で、職場は商品やマネーを生み出すマシンであり、人もそのマシンの一部であると見なしている会社は、遅かれ早かれ多くのものを失うことになるだろう。社内に覇気がない、いつも怒鳴る声が聞こえ、萎縮する姿が見られる、お客様への電話対応がぞんざいである、どんな目標を設定しても、聞こえてくるのは「達成できっこない」といった否定的な意見ばかり……。

もし社内にこのような空気があるなら、社長は一日も早くそのことに気づく必要があるし、総務人事の担当者がこれに気づいたなら、社長にそのことを進言しなければいけない。そして、社長が職場のメンタル面での改善が必要だと認めたら、それをしっかり全社員に向けて意思表示することが大切である。

成果第一主義ではレジリエンスは育たない

個人のレジリエンスをサポートするためには、会社が「学ぶ機会」を与えることも重要な要件の一つといえよう。

仕事を持っている成人を対象とした欧米のある調査によると、継続的に学ぶ機会を与えられ、それを業務に活かせるようにバックアップしている会社の社員は、そうでない会社の社員よりも「働き過ぎ感」が低いという結果が出ている。

これは「学ぶ機会を持っている人ほどレジリエントである」といってもよいものだ。オーバーワークぎみと感じている社員は欧米も日本も同じだろうから、この事実は日本の私たちにも当てはまりそうである。

学習の機会と形態はさまざまである。業務に役立つ知識やスキルは社内勉強会のような形でできるし、その成果をテスト・評価する仕組みを設けることもできるだろう。社外での個人的な自己啓発活動にも理解を示し、年齢に関係なく積極的に活動できるような文化を築くのが望ましいといえる。

また、お互いに業務の「成功」や「失敗」から学び、共有する風土をつくることも大切である。業務というのは多忙になればなるほど隣人や周囲を振り返るゆとりがなくなる。仕事の成功も失敗も、たとえチームとして活動していたとしても、結果をすべて「個」に帰属させ、その是非を判定し、評価する傾向が強まっているのが今日の姿だ。

このため、成功すればこれは自分の能力と努力で勝ち取ったものなのだと自信が湧くが、失敗すれば自分の能力や努力が足りなかったのだと責めることになる。成果主義はこうした社員の意識をいっそう鮮明に推し進め、さらなる「個」に押し込めてしまった。

成果主義が当たり前とされる会社では、レジリエンスは育たない。失敗も成功もすべて個人に帰されてしまって、その教訓もノウハウも共有されないからである。

後で述べるように、最終的に組織が発揮するレジリエントな力は、お互いの強みと弱みを明らかにし、それを協力と連携に活かすことによって生まれる。一人ひとりの成功と失敗の経験も、これに準ずるものではないだろうか。

もっとも、成功の場合はともかく個人の失敗を社内でオープンにすることには抵抗があるかもしれない。ある会社では、もう時効となった過去の失敗談を持ち寄って、「今だから言えるミーティング」といったものを行っているという。工夫すればいろいろ考えられるのではないだろうか。

職場でのストレス管理を実施する

ストレスフルなビジネスの現場でどうすれば心身を健全に保てるか、個人が自主的に行える身近な方法を見てみよう。

①　身体的なストレス管理について

・定期的に健康診断を受ける（身体が健康であることの自信を取り戻す）
・軽い運動を続ける（ジョギング、スポーツジム通いなど）

・無理のない食事やダイエットを意識する（または三食をしっかり摂る）

②　心理的なストレス管理について

・ストレスが疑われる症状を意識する（ミスが多い、忘れっぽい、いつも胃腸の調子がよくない、寝つけない、疲れが抜けない、など）
・ストレスが疑われる感情の変化をとらえる（怒りっぽい、イライラする、など）
・右のような症状が気になったら、各種のストレスを緩和する方法を試みる

ストレス管理は、職場全体で計画的に行っている企業もある。こうした取り組みを行う会社の社員は、そうでない会社の社員よりも仕事の満足度が高く、相対的にレジリエントであるとされている。

職場でできるストレス管理の一つは、本人が必要なときに必要な方法で心おきなくストレスを解消できるような職場の空気をつくっておくことである。たとえば本人が休息が必要と感じたら、ひとまず作業の手を止めて、それぞれ自由に気分転換や軽い運動をさせる、眠くて能率が悪くなったら周囲には遠慮せずに15分程度の仮眠をとらせ、リフレッシュさ

せるといったもので、すでにおなじみかもしれない。なかには、敷地内をグループで一緒に散歩しながらミーティングを行う会社もあるようだ。

また、新しい業務を覚えたり問題や課題に取り組む際は、学んだことや解決のアイデアをゆっくり頭で反すうし、必要な知識や重要なポイントを記憶できるような時間のゆとりをつくるといったことも必要だろう。

いずれの方法も、社員一人ひとりの自主性を尊重し、各自の仕事と心身の健康を保つための活動をうまく切り替えながら継続的に行わせることが鍵となる。

《鉄則のまとめ》

【鉄則1】基本は「感情のコントロール」と「ポジティブな姿勢」。相手からの不適切な批判は、この二つを使うことでかわせる。

【鉄則2】失敗は自己効力感を駆使して解決できる。「失敗」とは「生きるための試行錯誤学習」の一つ。悩むこと自体無意味。

【鉄則3】自分への過大な期待と過剰な気負いは、「強み」および「固定観念」を抑制してガス抜きする。

【鉄則4】会社が個人のレジリエンスをサポートすれば、従業員の満足度や生産性が向上する。

第4章

チームワークへの応用

日々の仕事の現場で、
レジリエンスを意識することによって
危機を乗り越えられるシーンは少なくない。
職場での衝突や失敗がまさにそうであった。
ここでは、より任務色の強い
二つの視点で考える。
一つは「交渉」の場。
もう一つは「チームワーク」。
特に後者は、変化のはげしい
ビジネス環境のなかで、
リーダーとメンバーが
目標を成し遂げるために
いかにモチベーションを維持し続けるかに
フォーカスしている。

交渉にレジリエンスを活かす

「交渉の上手な人」とは、人間的つながりを築ける人

ビジネスの活動が地球規模で拡大した今、海外のパートナーと手を組む、あるいはライバルとして意識する機会は劇的に増大した。人口減少にともなって縮小する国内市場では、一件でも多くの顧客を獲得しようと企業同士がしのぎを削っている。

「交渉術」という言葉がいつの頃から使われはじめたのかはわからないが、今日ほど私たちが交渉の重要性を実感し、成功の手がかりを求めている時代はないだろう。

どんな組織にも、交渉の上手な人と苦手な人がいる。交渉の上手な人は粘り強く、駆け引きがうまい。交渉に失敗しても後腐れがないし、気持ちの切り替えも早い。レジリエントな交渉のヒントは、こうした交渉上手な人の姿勢や行動のなかにあると考えてよい。

しかし、口で言うほど簡単ではないことも事実だ。傍から見ているだけではコツはわからないし、上司や先輩から手とり足とり教えてもらう、なんてことも期待できない。

そこで交渉力を磨きたい人の多くは、手っ取り早く「テクニック」を学ぼうとする。今日街中で交渉テクニックをテーマにしたセミナーやビジネス書を見かけない日はない。これらのノウハウは、自分にはない新しい知識や方法を提供してくれるので、目からうろこが落ちるし、すぐに役立つような気もする。

しかし、いざ交渉の舞台に臨んでそのテクニックを活かそうとしても、実際にはうまくはいかないことが多い。どうしても相手を説き伏せ、勝とうとする姿勢が出てくる。フット・イン・ザ・ドア（相手が承諾しやすい小さな要求から始めて徐々に要求を大きくしていく）やドア・イン・ザ・フェイス（わざと大きな頼みごとをして拒否させてから、本来の目的の小さな頼みごとを承諾してもらう）といったものはその典型であろう。

交渉とは、勝ち負けではなく、利害の不一致を克服してお互いの利益を最大化することだ。過度にテクニックに走れば、自分の目的だけを達成しようとする、つまりできる限り相手から多くのものを得ようと腐心することになる。

たとえうまく相手を説き伏せたとしても、相手には良い印象を与えないし、プレッシャーや被害者意識を持たれてしまうことだってある。自分自身、達成感もなければ次の交渉への自信（あるいは自己効力感）にもつながらない。一回限りの交渉で終わってしまい、信頼関係が育つことはないのである。

世界最高の交渉術の専門家といわれるスチュアート・ダイアモンドは、交渉の極意を次のように語っている。「人間的つながり、協力、透明性こそが、交渉術において成功を収めるための鍵となる」[1]。「人間的つながり」とは、酒やゴルフ接待で意気投合することではなく、交渉の出だしやその合間のささやかな雑談を通じて得るものだ。趣味や健康のこと、英語なら How are you? みたいなことでよい。

交渉の基本は、まず相手とうまくつながること。それができれば相手は私たちに心を開いてくれるし、耳を傾けてくれるようになる。交渉が進むなかで、相手は好意的な判断を下す可能性が高まるのだ。ダイアモンド氏はこのようにも述べている。

交渉の上手な人とは、数々の交渉テクニックを駆使する人のことではない。コミュニケーションの基本を押さえている人のことだ。これから述べる交渉におけるレジリエンスを考える際にも、まさにこのような視点が重要なヒントになるのである。

交渉の成功と失敗を分けるもの

ここでは、一つの交渉の失敗例を示し、ここからレジリエンスに照らした交渉のあり方を考えてみよう。

［事例］

A君は自社の有力ブランド商品Xの営業マンである。あるとき長年のつき合いのある大口取引先の仕入担当B氏に挨拶がてら電話をかけたところ、寝耳に水の返事が返ってきた。「以前から他社メーカーが商品Xと同等の新商品の売り込みに来ている。上からも発注先を見直すよう言われている」という。

もしこの取引先を失ったら、A君の会社の売上に大きく影響する。きっと値引きが目的なのだろう。そう考えたA君は、上司と相談のうえ適正と考えた値引き案を持って取引先のB氏のもとを訪れた。

ところがＢ氏は、それでも首を縦に振らなかったのである。Ａ君は上司と携帯で連絡を取り合いながら、交渉の余地をさぐろうと必死になった。大口顧客を失って会社に迷惑をかけるようなことはしたくない。かといって値引きの限度を超えたら利益が出ないし、バナナのたたき売りのような形で商品Ｘのブランド価値を貶めたくないとの思いもある。

電話の向こうで苦々しい顔をして答えている上司の顔が目に浮かぶようだ。Ａ君はＢ氏の「ノー」と上司の「ノー」の板挟みに遭い、半ばパニックに陥っていたのだった……。

まずＡ君は、基本的にＥＬＯＣ傾向（自分の運命は外の世界によって決定づけられるという人生観）の強い人である。すでに長年の固定客である大口取引先には頭が上がらない。基本的に相手の要求にしたがう以外に選択肢はないとの認識がありそうだ。

次に、ロイヤル・カスタマーであるこの取引先が、突然他社メーカーになびくはずがない。問題は、きっとＢ氏は値引きを要求しているのだと思い込んだことである。いわば「固定観念」が先に出てしまっている（Ｂ氏は一言も値引きを要求してはいない）。

交渉段階では、自主的な値引き額の提示にもかかわらずＢ氏はＯＫを出さない。携帯で上司と相談するも、上司からもＯＫは出ない。Ａ君はかなり動揺している。この時点で交渉はすでに失敗しているのである。

もしＡ君がレジリエンスを発揮できたとしたら、どのようにふるまっただろうか。例えば次のような対応が考えられたのではないだろうか。

まず、Ｂ氏から商品Ｘの購買見直しの返事を受け取った時点で、Ａ君は気持ちを落ち着けて、その理由を少し詳しく尋ねただろう。なぜ長年のつき合いを反故《ほご》にするような理不尽なことを口にするのかというＡ君の戸惑いを、Ｂ氏も察して具体的に説明してくれるはずだ。そうすれば、取引先の購買見直しの本当の理由が見えてくる。

もし値引き要求が真意ならば、双方の妥協点を見出すように粘り強く交渉すればよい。しかしＢ氏が一向に取り合わないところを見ると、他社商品の品質や性能、市場性など、もっと別のところに理由があるのかもしれない。

Ａ君はそうした広い視点を持つべきであった。競合品に優位性があるために商品Ｘの購買を取りやめることが本当の理由ならば、Ａ君の会社ではただちに新規顧客の開拓、あるいは商品Ｘの改善やアップグレードの検討に入ることもできるのである。

このように、「ブランド力のある商品Xにはどこも問題はない。相手が値引きを要求しているだけだ」という自分の一方的な思い込みだけでは、交渉はいとも簡単に失敗する。相手が商品Xに代わる価値を他社商品に見出した可能性があるという視点を持つことによって、はじめて交渉の幅と対応の幅が広がるのである。

深層にあるレジリエンスを呼び出す

交渉におけるレジリエンスの特徴を整理してみよう。まず、筆者の独断的な視点だが、交渉におけるレジリエンスの位置づけを模式的に表すと図表7のようになる。

交渉時に発揮されるレジリエンスは、基本的には第2章で述べた個人のレジリエンスのことである。個人のレジリエンスは場面や条件を問わないから、いつでもどこでも呼び出せるように最も深いところにあって、その必要が生じたときに上層や中層に対して働きかけると見るのが自然である。

では、交渉の際に発揮されるレジリエンスは、具体的にはどのようなものなのだろうか。これもまた状況は多種多様なので一概に決めつけることはできないが、先ほどの事例をもとに考えると、少なくとも次の三つの局面でレジリエンスが作用すると見てよい。

① 交渉のとっかかりをつかむとき

交渉をスムースに始めるには、まずお互いにリラックスすることが必要だ。これにはレジリエンスの一要素である「ポジティブな姿勢」が不可欠である。相手を警戒し、身構えるのではなく、まずお互いに心を開いて打ち解ける。スチュアート・ダイアモンドが言うところの「人間的つながり」を確実にすることである。

② 交渉相手を分析するとき

たとえ相手が優位で自分が劣位の立場であっても、「相手は上だから」とか「稟議が通るかどうかわからないと言われた」といった思いに支配されないように注意する。これはいかに「ネガティブな固定観念」を意識しないよう努めるかという問題だ。また、相手がどんな価値を重視しているかを観察すれば、交渉の「強み」を提示するタイミングも見えてくるだろう。いわゆる交渉の粘り強さの源は、このあたりにあるのではないだろうか。

③ 感情に影響を与える状況にあるとき

図表7：交渉活動とレジリエンスの位置づけ

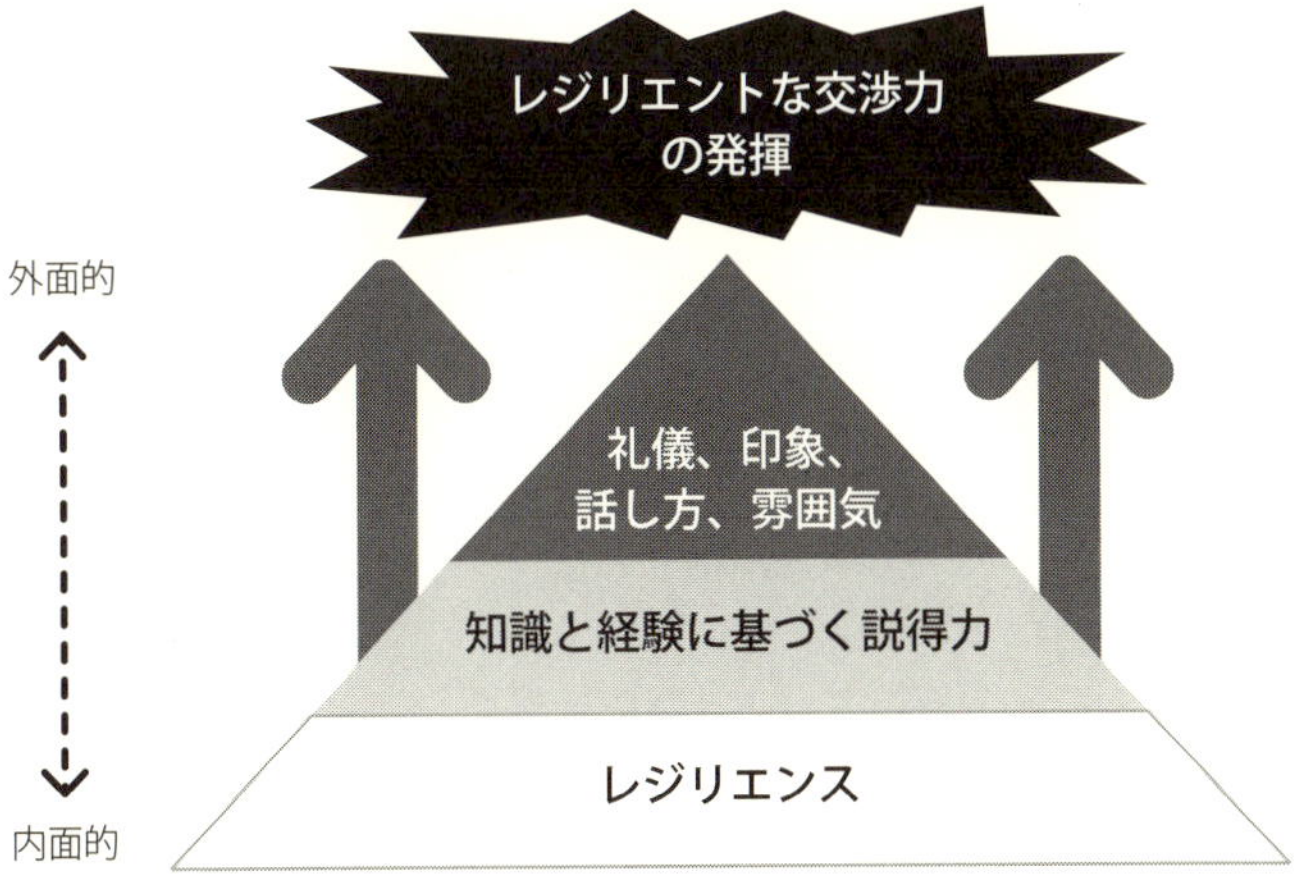

レジリエンスは、上層と中層に対して、「ポジティブな姿勢（共感、水平視点）」「ネガティブな固定観念の抑制」「強みの発揮」「自己効力感」などを提供する

相手側の高圧的で一方的な姿勢や無口な態度、のらりくらり戦法などは、交渉でよく見られる例だ。これらをストレートに受け止めて戦意喪失したり、苛立ちを募らせたりすることがあってはいけない。こんなときは「感情をコントロール」し、すばやく気持ちを切り替えて落ち着くことが大切だ。冷静になることで、採るべき方策も見えてくるのだ。

例えば、交渉時間をぎりぎりまで引き延ばされ、相手に有利な条件で契約案が作成されそうになったとき、気を取り直して「契約書のドラフトはこちらから出させてもらえますか」と自ら申し出る。これもレジリエントな対応姿勢の一つといえる。

レジリエントなチームワークへの道

学ぶ機会を失ったリーダーたち

これまで個人のレジリエンスを中心に見てきたが、この力は個人の集まりであるチームワークにも見出せるのだろうか。チームワークは、目標の達成に導く「リーダー」と、これに呼応する「チームメンバー」の双方向の活動力である。レジリエントなチームワークを探るには、この二者のあり方を見ておかなくてはならない。そこで、まずは「リーダー」について考えてみよう。

いわゆる「失われた20年」を経験してきた日本のビジネス社会には、いささかリーダーのあり方に対する迷走感のようなものが漂っている。誰かは「良いリーダーが育っていない」と言い、誰かは「これからのリーダーはパワーではない。調整力だ」と言う。大震災が起これば「調整力ではなく、強力な断行力こそがリーダーシップだ」という声があがる。

世相を反映したこれらの意見一つ一つはどれも正しい。とはいえ、そもそも今日のようにリーダーの姿がはっきりと捉えにくくなっている背景には、何があるのだろう。世の中の変化が速すぎてリーダーのアイデンティティが定まらないからだろうか。私は、次の点がもっとも現実的な理由なのではないかと考えている。

それは、今日のリーダーはいろいろな意味で「学ぶ機会」、つまり成功や失敗の経験から学びとる機会を失っていることである。次の三つの側面から説明しよう。


一つは「成長の時代」を見てこなかったこと。今日のリーダーたちは、モノづくり世界一を目指して競争に明け暮れた高度成長期を生きた世代のように、会社が成長する局面を見ていない。彼らはバブル崩壊以後の暗中模索の保守的な時代に育ち、社会に出ている。このような時代には若手（今日のリーダー）にさまざまなことにチャレンジさせるゆとりがなかったのである。

自身に成功や失敗の経験が少なければ、「やればできる」という自己効力感もそれを部下に教え導く機会も必然的に減ってくる。

次に「ＩＴ」が人対人の関係を希薄にしてしまったこと。例えば上司が部下の活動状況を知ろうと思ったら、自分の席のパソコン画面に向かえば事足りる。スケジュール管理も結果報告もパソコンで一元管理されているし、日常のコミュニケーションもメールでやりとりできる。わざわざ膝をつき合わせて話し合う必要がない。

このためコミュニケーション不足に陥り、お互いに腹を割って対話するという成熟した人間関係が育たない。

最後は、とくに２０００年以降に関わる問題だが、成果主義や内部統制といった欧米追従主義的な風潮が広がったことである。努力ではなく結果がすべてだ。ただでさえ風通しのよくない職場に統制管理のルールが敷かれているから、社員はそれに沿って考え、行動するしかない。管理し過ぎて自由な発想や選択肢を狭めている。

このような傾向は、自己効力感を育ちにくくし、結果的にレジリエンスでいうところのＥＬＯＣ傾向（外の世界に支配されやすい傾向）を強めることになるだろう。

こうしたことが、リーダーとしての自信やモチベーションを下げ、自らのアイデンティティティに影を落としているのではないか、戸惑いのなかに置かれているのではないかと思うわけである。

リーダー個人が成功をもたらすわけではない

今日的リーダーの特徴もしくは問題点は前に見た通りである。いずれも構造的なものであって、一朝一夕には解決できそうにないものばかりだ。〝望ましいリーダー〟の完成形ばかりを追い求めていては堂々巡りの間違いを冒すことにもなる。ここで少し見方を変えてみよう。実は、今日リーダーたちが抱えている問題は、リーダー個人というよりは、チームワークとしての問題ではないだろうか。一例として、アップル創業者の一人スティーブ・ジョブズと彼を取り巻く人々を見てみよう。

ふつう私たちがスティーブ・ジョブズに抱くイメージは、誰にも真似のできない彼個人のカリスマ性（はかりしれない情熱と独特の人柄、ずば抜けた才能）である。しかし、どんなに卓越したアイデアや情熱を持っていても、自分にできることは限られている。ならば自分のアイデアを納得のいく形で実現してくれる同志が必要だ（「餅は餅屋」ということわざは、彼自身が一番よく知っていたのではないだろうか）。

スティーブは、重要な局面ではいつも有能な人材に囲まれていた。例えば、Ｍａｃ（マッキントッシュ）はジェフ・ラスキンというコンピュータ技術者がいなければ誕生しなかったし、iMac、iPod、iPhone、iPadなどの卓抜なデザインを提供したのは天才デザイナー、ジョナサン・アイブである。

彼らはスティーブのカリスマ性に引き寄せられて集まってきたというよりは、彼自身が人材の潜在的な能力を見抜き、声をかけ、説得し、育て上げたといった方が適切だろう。

いずれにしても、スティーブ・ジョブズという人物が、単に突出した独断専行型のリーダーであったなら、遅かれ早かれ才能ある者はみな、彼のもとを離れてしまったことだろう。どんなに「自分ならできる！」と思っていても、チームメンバーとの間に信頼や人望がなければチームは結束できないし、よい結果は出せない。チームを成功に導くのはリーダーだが、リーダー個人が成功を作り出すわけではない。


このように考えると、成功するチームの力は、単に個々人の力の集合としてとらえても見えては来ず、リーダーとチームメンバー両者の最適な関係を考えたときに初めて立ち現れるものであることがわかるのである。

チームにもIQがあるという仮説

リーダーとチームメンバー。両者の相互関係や補完関係が目標達成の推進力となり、成功をもたらすものだとすれば、そこにはどんな力が働いているのだろう。

この力を考えるうえで、一つのヒントになる仮説がある。それは、個人にIQ（知能指数）が認められるのと同じように、グループなどの集団そのものにもIQがあるのではないかという仮説だ。この研究は1980年代に始まった。心理学者や思想家、コンピュータ科学者などさまざまな分野の専門家がこの仮説に関心を示し、理論を構築してきた。

近年ではカーネギーメロン大学の研究報告がある。同大学テッパー・スクール・オブ・ビジネスの助教授アニタ・ウーリーと、MITスローン・スクール・オブ・マネジメントのトーマス・マローン教授は、次のような方法でグループ自体に知性が認められるかどうかの実験を行った[2]。

18歳から60歳までの男女約700名の被験者に対して一般的な知能検査を行った後、彼らをランダムに数名ずつのグループに分ける。そして各グループに、間違い探しやブレインストーミング、ゲームなどの課題を課したところ、どんな種類の課題にも好成績をあげたグループがあり、集団そのものにも知性があることが裏づけられたのである。

ここには次のような注目すべき特徴がみられた。一つはグループ全体の知性と個人の知性とは無関係であること。たとえグループのなかに頭の良い人が何人かいて、その人達だけで議論を仕切っていても、目立った高得点は得られなかったのである。

また、女性メンバーの数が多いほどそのグループの知性が高まるという傾向もみられた。一般的に男性よりも女性の方が社会的感受性（他者の感情を察知する能力）が高いとされるが、そうした社会的感受性を発揮できるグループの方が好成績を収めたのである。

これらの例からわかることは、次の二つである。

・個人一人ひとりの能力の単純な総和がグループ全体の成績を決めるわけではない。

・グループ全体の成績を決める最も重要な要素は、チームメンバー内の「人間関係の調和」や「社会的感受性」である。

このように考えると、必要なのはリーダー個人の完成度でもメンバー一人ひとりのＩＱの高さでもなく、お互いの調和や感受性ということになる。これらが最適なチームワークを発揮させ、成功に導くと見てよい。レジリエントなチームをつくる鍵も、ここにあるといってよいだろう。先のウーリー助教授はこう述べている。「個人として何ができるかよりも、集団で何ができるかを考えることが重要なのです」と。

時代の変化を乗り越える

チーム力の原点は達成感か？　夢か？　報酬か？

優れたチームワークは、リーダーとそのチームメンバーとの相乗効果から生まれる。ところが、ここでもう一歩立ち入って、「ではどのようにしてチームのモチベーションを維持し、相乗効果を生み出すのか」と問うと、明確な回答が得られないのだ。

本書のあちこちで述べているように、世の中は絶えず変化し続けている。一つの目標を設定し、それに照準を定めて、モチベーションを最大限に高めて取り組んだまではよいが、現実には頭で描いた通りに事が運ぶことはそう多くない。そんななかで、チームのモチベーションを維持し、相乗効果を生み出す力は何なのかという疑問が出てくる。

目標を達成することで得られる満足度への期待だろうか？　夢の大きさだろうか？　それとも報酬や待遇の良さだろうか？

リーダーの人柄ということも考えられる。確かにそれもあるだろう。企画戦略やプロジェクトが首尾よく進行しているときは、チームメンバーの誰もが「あのリーダーだから私はついていけるのだ」「私はあのリーダーとなら討ち死にしてもよい」といったセリフを口にするものだ。

しかし、総じてこれらがうまく理由づけできるのは、文字通り企画戦略やプロジェクトが首尾よく進行しているときの話に過ぎない。うまくいかなくなれば、目標達成への意欲がそがれ、モチベーションは下がる。報酬や待遇の良さだけではこうした心の揺らぎまでは解決できないだろう。リーダーの人柄といえども、思惑どおりにいかなければ徐々に信頼関係が冷めてしまうことだってある。

企画戦略やプロジェクトのスムースな進行を阻む要因。これをクリアできればすべては計画通りにうまくいき、リーダーとチームメンバーとの緊密な信頼関係、つまり相乗効果を作り出す条件は満たされるのだが、残念ながら現実はそう甘くない。

目標を達成するためにA→B→Cの順に問題や課題をクリアしようとするとき、Aを解決したと思ったら、その直後にXという予定外の問題や新たな条件が飛び込んできてB→Cの予定を台無しにする。すべてはこの繰り返しである。これがリーダーとチームメンバー間に生まれるはずの相乗効果を損なう要因になるのである。

このように考えると、どんなに想定外の事態が発生したり周囲の環境が変わったりしても、モチベーションを維持し続けるための何かの力がそこになくてはならない。それこそがレジリエンスなのではないだろうか。

このような仮定をもとに、以下では、目標達成チームがさまざまな壁にぶちあたり、変化に曝されながらも初志を貫こうとするレジリエントなプロセスはどのようなものなのか、二つのケースで考えてみよう。

《ケース1》日本初の家庭用電気洗濯機の開発と普及[3]

昭和27年、ある腕利きの営業マンが工場を立ち上げた。当時は業務用の高価な洗濯機しかなかったなか、彼（I氏）は主婦の苦労（当時は洗濯板とたらいで手洗い。手荒れや腰痛は当たり前だった）を一掃する家庭用洗濯機の開発を思い立ったのである。

ゼロからのスタートだ。他社洗濯機をばらして仕組みを調べることから始まった。この頃大手メーカーも開発に着手。社員たちは「勝てっこない」と思ったが、Ｉ氏には必ず家電の時代を切り拓けるという確信があった。

開発から一年。モーターを自社開発し、商品化のめどが立ったとき、Ｉ氏は突然中止を命ずる。より能率的な別の輸入洗濯機を目にしたのである。彼は方針を転換し、この新しい技術で仕切り直すことを決意した。早くも二カ月後には試作機が完成したが、コストが高すぎて家庭では買えない。Ｉ氏は徹底したコストダウンと低電力化を指示した。「どんな汚れでも落とす方法」を記載した主婦向けマニュアルを添付することも提案した。

製品はひとまず完成し、いよいよ売り込むことになったが、今度は販売店が「洗濯は女の仕事だ」と言って取り合わない。これが当時の常識だ。便利です、主婦の負担がなくなります、だけでは聞き入れてもらえなかったのである。

そこで営業経験豊富なＩ氏が、自らセールストークのノウハウを披露した。主婦の洗濯の労力をカロリーやエネルギー消費、金銭的損失の話に置き換える。さらには健康や心の問題にも言及し、最後に「女性の家事が楽になれば、一家の大きな収入になります」と結んだのである。

営業チームは目からうろこであった。勢いを得た営業マンたちは、全国をまわりながら顧客のさらなるニーズを汲み取り、それをI氏にフィードバックした。I氏はそれをもとに新たなアイデアを提示する。まさに連携プレーだ。

その後まもなく、この洗濯機は空前の大ヒットとなった。大手をおさえ、トップシェアを獲得したのである。

ケース1のレジリエンス所見

戦後復興期は、ある意味特別な時代である。すべてはゼロからの出発、無秩序や古い秩序から、新しい秩序が生み出される過程。屈辱的な敗戦の反動としての「今に見ていろ!」の精神、いわば強力なハングリー精神に満ちていた時代である。

ここには、ともすればどんなストーリーも「レジリエンス」に結びつけることのできる安易さがあるので注意が必要だ。こうした点に留意しながらレジリエンスの要素に則して解きほぐしてみると、次の二つの側面について特徴を見出すことができる。

① リーダー個人のレジリエントな資質

I氏自身のレジリエンスは次のように集約できる。まずは固定観念にとらわれない自由な発想がある。当時の風潮にのまれて「洗濯は女の仕事」と考えていたら、洗濯機を開発するチャンスは永久になかっただろう。また、自分の目指す洗濯機なら必ず家電の時代を切り拓けるという信念。ここには常に相手のニーズに耳を傾け、これに応えてきた営業マンとしての経験（自己効力感）と、主婦の苦労をしっかり受け止める共感力が働いていたと考えられる。

I氏が自分の考えをチームメンバーに納得させる対話力に長けていた点にも留意したい。量産化目前の洗濯機を取りやめ、新方式の洗濯機の開発に舵を切ったとき、技術チームのメンバーがどれほどショックを受けたかは想像に難くない。にもかかわらず、新方式の試作機を二カ月で完成させた事実の裏には、失意の技術者たちを再起させる説得術があったと見るべきだろう。

それは、営業チームが洗濯機の売り込みに苦慮した際に、自らの強みやノウハウを惜しげもなく披露した姿勢からも汲み取れる。

こうしたリーダーの「ポジティブな姿勢」は、そのままチームメンバーの自己効力感にも影響を与え、問題や課題を乗り越える結束力の源となったのではないだろうか。

② チームの問題解決能力と連携力

この事例をチームワークの側から見るとどうなるだろうか。レジリエントなチームワークの成果は二つの側面から導くことができる。

一つは問題解決能力だ。オリジナルの洗濯機開発はゼロからのスタートであった。他社製品をばらし、仕組みを理解し、モーターを自社開発することからはじめている。技術者にとってこれは基本姿勢の一つではあるが、この地道な努力が、のちの新方式の洗濯機を短期間で開発したり、低コスト化を実現するだけの技術力につながっている。

もう一つは、リーダーから伝え受けたノウハウを吸収し、そこから連携力（相乗効果と呼んでもいい）を発揮したことである。

営業マンたちは、全国をまわりながら次々と消費者のニーズを吸い上げ、それをI氏にフィードバックする。I氏はそれをもとに新たなアイデアを提示する。（事例では述べていないが補足していえば）地方の主婦から「洗濯モノを絞るのが大変」という意見を聞けばローラー式の絞り機を開発する（ただし洗濯機の値段は据え置く）、既存の取引先である自転車店に洗濯機を置いてもらうなどの戦略もその一例である。

《ケース2》デジタルカメラの開発[4]

１９７０年代、世界中の企業が電子カメラ（のちのデジタルカメラ）の技術開発にしのぎを削るなか、Ｃ社もまたプロジェクトを発足させ、フィルムも現像もいらないカメラは必ずユーザーに受け入れられるという信念を持って開発に取り組んでいた。

最初の試作機はバブル到来の直後に完成したが、記者発表会では全く動かず挫折を味わう。翌年この問題を解決して量産化したがまったく売れない。プロジェクトメンバーは在庫の山を自分で売りさばくよう責任を取らされた。この時期、円高で製造業は儲からず、モノづくりよりも財テクに走る企業も少なくなかった。

プロジェクトは解散を余儀なくされ、メンバーたちは他部門へ異動。異動先の上司はメンバーたちの無念さを察し、ひそかに開発を続けることを許した。成功の鍵はカメラの小型化、デジタル化であった。幸い他社と共同でデジタルカメラの勉強会を開いていたこともあって、同じ憂き目に遭っていた他社の技術者たちの支援が得られた。

新しい協力体制のもと、デジタルカメラ一号機と二号機が完成。いずれも少ない予算と寄せ集めの部品でつくった試作機だけに、あちこち欠陥が目立ったが成果もあった。ファインダーがないために已むなく液晶モニターを接続して実験していたが、それが「撮った画像をすぐに確認できる」という利便性の発見につながったのである。

こうして手ごたえを得たリーダーが、正式に会社に開発続行を申し出ようとした矢先、バブルがはじけた。日本の製造業は再び不景気にさらされた。失意のリーダーは必死にデジタルカメラ開発を会社に提案したが却下された。

万策尽きたと思われたころ、別の部署にいた元メンバーが「液晶テレビにカメラを付けよう」とリーダーに提案してきた。前回の失敗にもめげず、カメラ付き液晶テレビの提案を試みた。これが社長の心を動かし、開発続行が決まったのだが、その試作機もまた「おまけのようなカメラにどれだけの価値があるのか」と疑問視された。

しかしこの苦境は、「コンピュータに詳しい別の元メンバーの一言で解消された。「これからはパソコンで写真を見る時代が来る。デジタルカメラにはパソコンの端子が不可欠」と、液晶テレビからパソコンとの連携価値にウェイトを移して提案したのである。

これを受けて急きょテレビ機能を外したカメラだけの商品化を提案、本格的な量産化が決定した。しかし、使い捨てカメラや小型ビデオカメラが全盛を極めていたこの頃、市場の反応は実に冷やかなものだった。記者発表会はデモンストレーションもなく、営業や販売促進の予算も削減された。しかしリーダーには希望の光が残っていた。自宅に持ち帰った製品を、機械の苦手な妻や子どもが楽しそうにいじっていたのを見ていたからである。「自分で売り込むしかない」。こう決意したリーダーは、部下を一人連れてラスベガスの電気製品見本市に乗り込む。行き交うバイヤーたちをつかまえてはカメラを向け、シャッターを切る。すかさずバイヤーの一瞬の表情を捉えた液晶モニター画面を見せる。バイヤーたちは叫んだ。「グレイト！」。

ケース2のレジリエンス所見

ケース1は、洗濯は主婦の役割という当時の固定観念を打ち破る、いわば「変わらない」ものを「変える」力としてレジリエンスが発揮された例であった。ケース2は反対に、時代の空気や開発の失敗がもたらすさまざまな変化に翻弄されながらも、「変わらない」信念を貫くことで成功を手にした例といえる。次の三つに分けて説明しよう。

①　ブレない目標

開発プロジェクトメンバーは、当初から「フィルムも現像もいらないカメラは必ずユーザーに受け入れられる」という信念を持っており、いわば一人ひとりに目指すべきものが見えていた。どんなに失敗を重ね、時代の変化の影響を受けようとも、チャンスがあれば、この目標を実現するためにいつでも自分の能力と時間を割く用意ができていたと考えられる。

そしてもう一つ注目すべきなのが、この目標はどんなに環境が変わろうともブレていないことである。バブルの到来と終焉、パソコンの登場、競合品や代替商品の脅威。このような激しい変化の波にもまれながら、その時々の機会を捉え、どん欲に取り込みつつも、首尾一貫してデジタルカメラ開発への初心を忘れていない。

② 強みを活かし弱みをカバーする調和力

プロジェクト解散後も、メンバーたちのデジタルカメラのビジョンに支えられた姿勢は常に自己実現の機会につながっていた。それはお互いに強みを活かし、弱みをカバーし合う調和的な姿勢に端的に表れている。例えば元メンバーによる「液晶テレビにカメラを付けよう」「これからの時代はデジタルカメラにはパソコンの端子が不可欠」といった提案もその例だ。

自分の立場やアイデア力という強み、知識や技能の強みをリーダーのところへ持ち寄り、シナジーとして高めているわけである。

③　レジリエンスを育む環境

この一つはC社の文化である。バブル期でもC社はモノづくりを軽視したり財テクに走るようなことはなく、一貫して技術者が生み出す商品力を重視している。プロジェクト解散後、異動先の上司が元メンバーに示した開発続行への理解もその表れだろう。

また、リーダーの家庭におけるレジリエンスにも注目したい。苦心惨澹の上完成したデジタルカメラが思ったほど会社からも市場からも期待されていない、と知ったときのリーダーの落胆ははかりしれない。しかしそれでも、楽しげにデジタルカメラでシャッターを切る家族の姿に心を動かされ、引き続きやる気を出している。

どんなに小さなことでも、心の支えになるものを見出せば、それは自分を前に押し出す力となり得るのである。

「同期」するチームワーク

一人ひとりの心に〝ゴール〟が見えている

この〝ゴール〟とは、「目標」のことである。「ビジョン」と読み換えてもよいだろう。チームワークを発揮することは、メンバー一人ひとりがチームの目標を共有することから始まる。目標を共有するということは、活動の動機となる目的や価値が何であり、それに沿ってどう自分の強みやエネルギーを投入すればよいかを考えることができるということである。

チームの目標はいわば会社としての目標であり、その成否は会社として業績が上がるか下がるか、生き残れるかどうかにかかっている。チームの目標はさらに、個人としての具体的な目標に落とし込まれることで、私たちの自己実現の原動力となる。

例えば、あるチームの目標は、どの競合他社にもない性能とデザインを持つ革新的な液晶テレビを開発することだとする。すると電子回路設計技術者は特許のとれる画期的な回路を考案したい、外観を設計する担当者はグッドデザイン賞を受賞できるようなクールなデザインにしたい、と考えるかもしれない。

個別の目標設定はバランスがとれていなくてはならない。チーム目標が大きければ大きいほど、気合いが入ってしまい、メンバー一人ひとりに割り当てる個別目標に無理が生じることがある。メンバー自身も勢いでこれを引き受けてしまったりする。しかし、望むもののすべてを目標に詰め込んでしまって、結果的に何も得られなかったという話はよく聞くところだ。

レジリエントなチームは、各自がコントロールできる地平を見定めながら歩を進められることが肝要なのである。

個人の目標に裏打ちされたモチベーションとエネルギーは、最終的に一つにまとめられて「あるべき姿」の実現に向けて進むことになる。とくに、チームメンバー全体の目標意識を維持するためにリーダーが留意すべきことは次の三つである。

① メンバー一人ひとりの達成度を定期的に振り返る

それぞれの活動が最終的にチームの目標につながっているか、計画に沿っているか、アウトプットや成果がイメージできているかなどを一対一で検証する。

② 相手を認めるコミュニケーション

第2、3章とも関連するが、リーダーとしての大切な役割は、各メンバーに「自分の努力が認められている」「自分の結果がチームに影響を与えている」という実感を持たせることである。

③ プライバシーや家庭にも配慮する

チームの目標は最も重要なものであり、高い優先度が割り当てられなければならないが、いうまでもなく家族や友人、地域とのつき合いなどを配慮したサポートの上に成り立っていることが必要である。

相手の考え方、信念、行動を理解する

どんなにオープンでフランクなコミュニケーションをとっていても、常に何事も足並みがそろって和気あいあいと、というわけにはいかない。そこには「意見の相違」や「批判」がつきものである。

こんなとき、意見の相違の扱いや対応のしかたをまちがえると、良いか悪いか、賛成か反対か、オール・オア・ナッシングの世界に入ってしまうことがある。経験の有無や権威、個人感情などが先行して、議論の本質から外れてしまうこともあるだろう。

議論が白熱するのは、必ずしも悪いことではないが、チームの和が乱れてしまうことは避けなければならない。次の点には留意しておきたいものである。

まず、チームメンバー一人ひとりはそれぞれ自己実現目標を持っているということ。そこで議論をする際に、自分の目標に則した考え方や行動のしかたと、相手のそれとをストレートに比較した部分で議論を重ねても、単に「キミのやり方はヘンだ」「あなたこそ考え方が間違っているのでは?」と、平行線をたどってしまうだろう。

そのときに何よりも肝要となるのは、「チームの目標」に照らしてどうなのか、ということである。

ここでは「チームの目標」を手がかりに、従来型のチームのあり方とレジリエントなチームのあり方の違いを比べてみよう。図表8は、チームメンバーがお互いに相手の考え方、信念、行動のしかた、知識やスキル、優位性、強みなどをどう理解し、評価するかを表したものである。

従来型のチーム（図表8の上）の場合、メンバー一人ひとりが経験や専門知識だけでなく、プライドやお互いのライバル意識も持っていて、それがメンバー間を隔てるパーティションとなっている。行動は自己責任的、自己完結的で、協調や相互補完的な姿勢はみられない。ここには相手への見方、理解のしかたが二種類考えられる。

一つは自分の領分を侵されたくない、したがって相手に口出しするのもやめておこうという意識。もう一つは相手が何か失敗した場合、自分の経験と知識に照らして相手の考え方ややり方を批判してしまう姿勢である。

一方、レジリエントなチーム（図表8の下）の場合、各メンバーはチームの目標に照ら

図表８：相手に対する認知と理解の仕方の違い

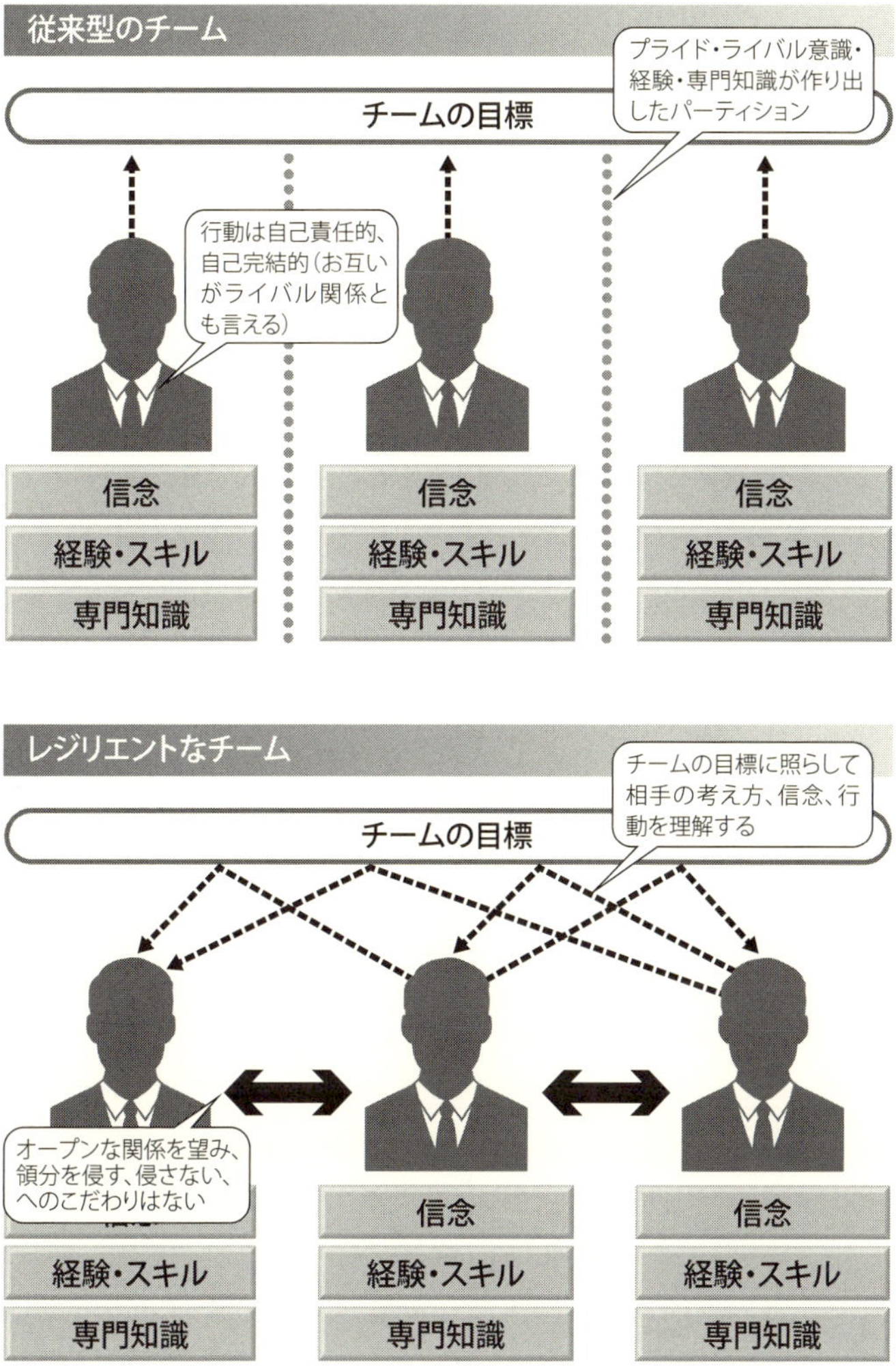

して相手の考え方、信念、行動を理解する。オープンな関係を望み、お互いの領分を侵す、侵さない、へのこだわりはない。

したがって相手にとって役立つアイデア、あるいは相手が苦手意識（弱みや未解決の問題など）を持っている部分に着目し、機会があれば解決してやろうと考える。あるいは逆に、相手の強みを自分の方で活かせないか、あれこれ算段することもあるだろう。

レジリエントなチームでは、リーダーも含め、チームメンバー間の対話は完全に双方向であり、アイデアが共有され、相互の学習に重点が置かれている。

「同期」とは、お互いに影響を及ぼし合うこと

ある商品が大ヒットする。その企業がマスメディアに取り上げられる。そして記事スペースの大半が、トップはいかに進取の気性に富んでいたか、リーダーシップを発揮したかに割かれる。これは事業の成否はすべてトップに帰することなので当然のことといえるが、トップリーダーの言動がそのまま事業の成否に変換されるわけではない。そこには会社を成功に導くチーム力、つまりチームメンバー一人ひとりの能力と信念を「同期」させる力が働いていることは確かである。

「同期」とは何だろうか。人気シンガーのコンサートで、ペンライトを振りかざす大勢の観客の動作が同期したとき、拍手が同期したとき、盛り上がりは頂点に達する。ある時刻になると信じられない正確さでぱっと目の覚める体内時計も、同期現象の一つといわれている。ワシントン州のタコマ橋（１９４０年当時）は、強風で発生した複雑な揺れが同期して、あっという間に崩壊してしまった。

同期とは「お互いに影響を及ぼし合う」ことである。人間でいえばお互い持ちつ持たれつの関係をしっかり意識している、ということでもある。個人としてどんなに優れた能力や強みを自分は持っていると思っても、自分だけが突出してよい結果を出そうと考えていてはチームが成り立たない。

レジリエントなチームのメンバーは、自己実現のためにポジティブな関係を相手に求める。このためには相手の意見に耳を傾けることが必要だ。相手の意見をよく聞くことによって、自分がよりよいアイデアを思いつくためのヒントとして、あるいは手に負えない問題を解決するための糸口として役立てようとする。これは、少し高みから見るなら、「可能性や選択肢を広く持つ」「問題解決姿勢を持つ」ことでもある。

逆からも同じことがいえる。レジリエントなチームメンバーは、それぞれの持分の範囲を越えて、アイデアや意見（賛成、反対いずれも）をためらうことなく他のメンバーに語りかける。そうすることでお互いによりよく影響を及ぼし合えるからである。

一方うまくいっていないチームのメンバーは、こうしたことは自分の領分を越えた他への干渉につながると考える。あるいは自分の能力を他人に利用されてはたまらない、と考える。このような従来の空気を払拭しない限り、お互いに影響を及ぼし合う力は期待できないだろう。

図表9の二つの図は、チームメンバーが対話を通じてどのようにレジリエンスを発揮するかを示している。従来型のチームメンバーの対話（上）では、コミュニケーションはお互いの情報交換や融和的ムードを維持するために行われ、自己の領分である「能力の発揮」についてはお互いに触れることはない。したがって各自の能力は自己完結的に活かされるだけなので、成功するも失敗するも本人次第ということになる。

一方、レジリエントなチームメンバーの対話（下）では、コミュニケーションは情報交換や融和的ムードを維持するためだけでなく、お互いの「レジリエントな能力の強みと弱み」を補完し合うために使われる。

図表9：従来型のチームとレジリエントなチームの対話

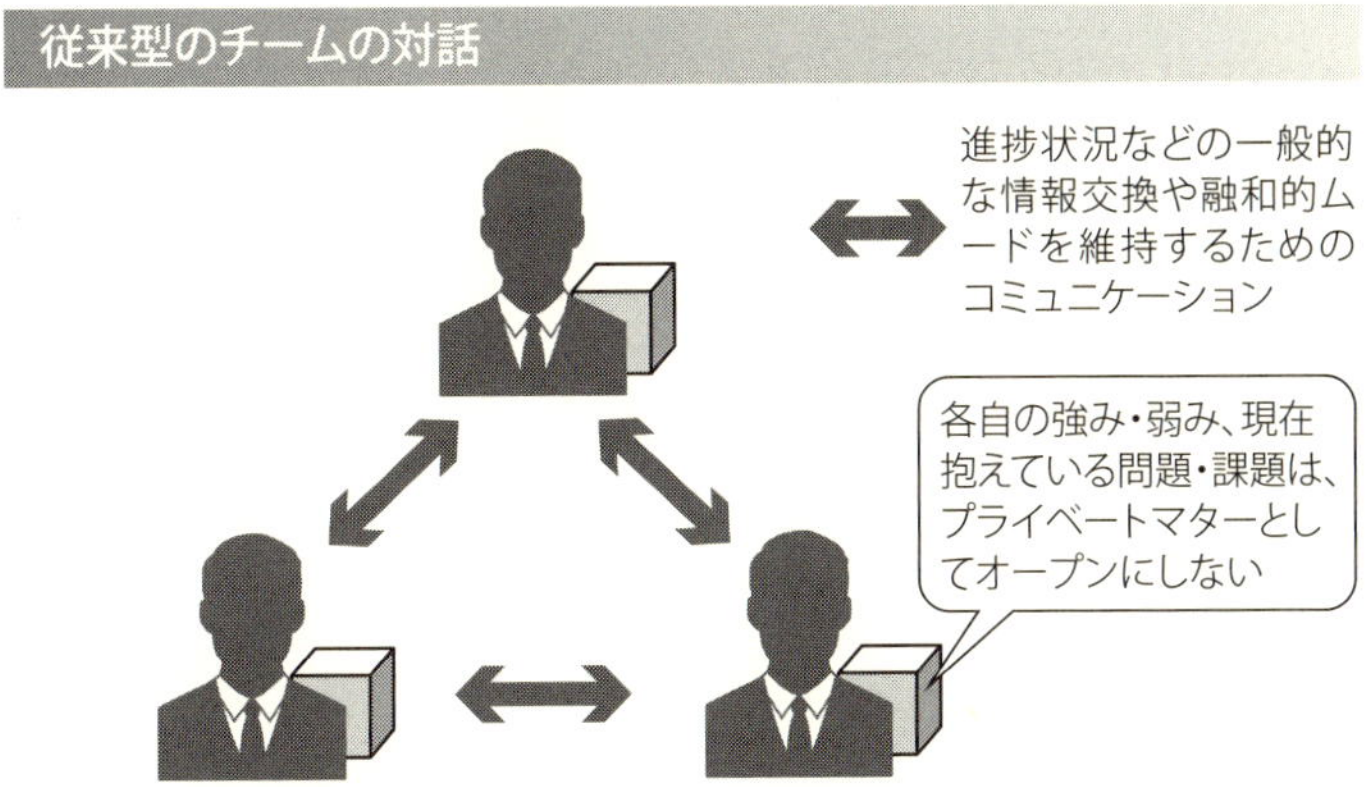
従来型のチームの対話
進捗状況などの一般的な情報交換や融和的ムードを維持するためのコミュニケーション
各自の強み・弱み、現在抱えている問題・課題は、プライベートマターとしてオープンにしない

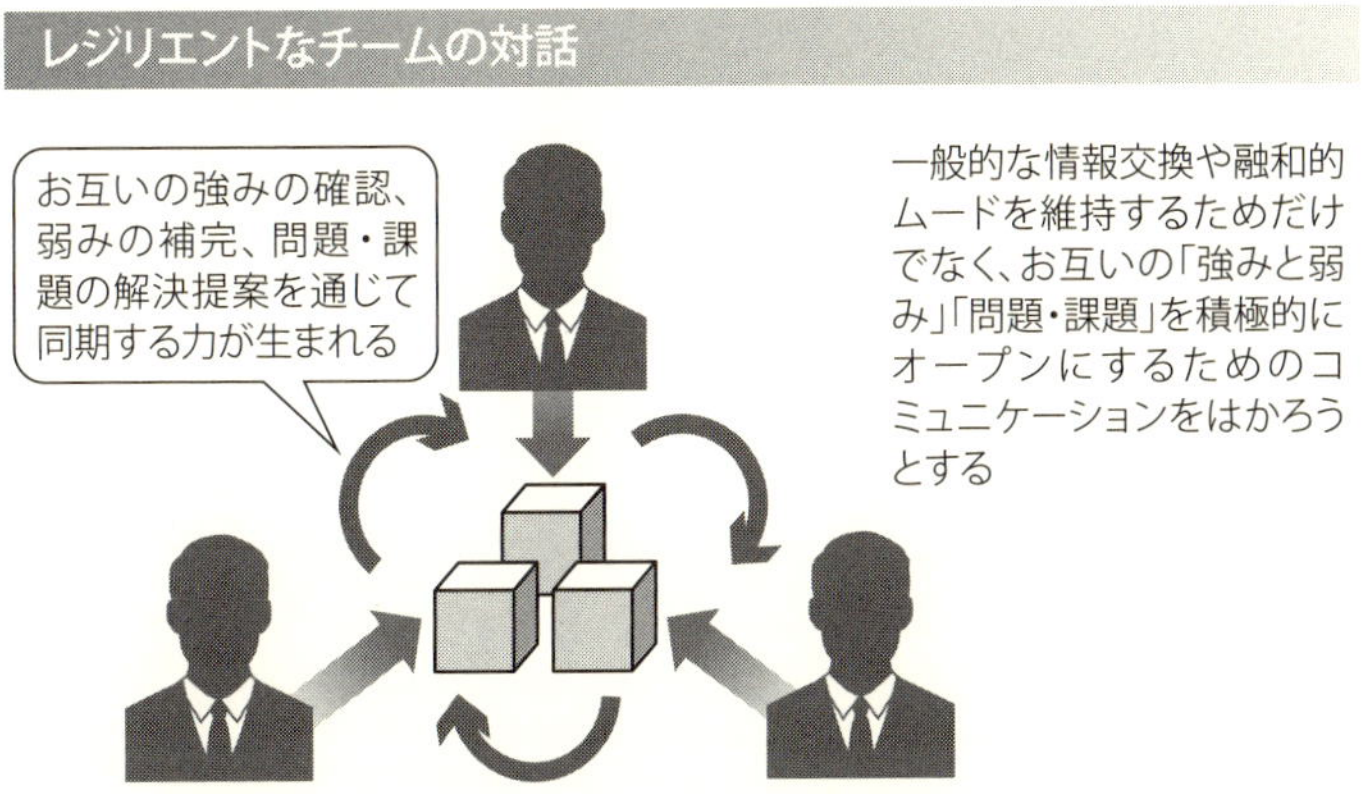
レジリエントなチームの対話
お互いの強みの確認、弱みの補完、問題・課題の解決提案を通じて同期する力が生まれる
一般的な情報交換や融和的ムードを維持するためだけでなく、お互いの「強みと弱み」「問題・課題」を積極的にオープンにするためのコミュニケーションをはかろうとする

例えばAさんは目標達成に必要な深い知識を持っているが行動力に乏しい、Bさんにはあまり深い知識はないが行動力とコネをつける能力は高いとする。このときAさんとBさんがお互いに自分の領分を侵されないように気を配っていたら、発揮できる能力もそれだけのもので終わってしまうだろう。しかし、Aさんの強み（深い知識）でBさんの弱み（浅い知識）をカバーし、Aさんの弱み（行動力がない）をBさんの強み（行動力とコネ）でカバーできればそれだけ目標達成は容易になる。

ここに協力と連携が生まれ、同期力を生み出すきっかけができるわけである。

《鉄則のまとめ》

【鉄則５】交渉はテクニックではない。ポジティブな姿勢で相手とのつながりを持つ。気持ちを落ち着け、ネガティブな固定観念を打ち消し、強みを提示する機会を待つ。

【鉄則６】チームのレジリエンスは、個々の能力の集合としてではなく、リーダーとチームメンバーとの最適な関係（人間的調和や感受性）から生まれる。

【鉄則７】チームワークの基本は、メンバー一人ひとりに、チームの目標と自己実現目標が見えていることである。

【鉄則８】チームメンバーは、お互いの能力や役割の価値を尊重しつつも、相互の強みや弱みをオープンにして同期力につなげることが大切。

第5章

危機を乗り越える組織のためのレジリエンス

どんな企業組織も
本来はレジリエントなものだ。
真っ向から
「組織がレジリエントであるためには？」
を問うことには、
もともと健康な人が
「健康になるためには？」を問うことと
同じ矛盾がある。
ここでは少し発想を変え、
二つの視点から
組織レジリエンスのあり方を考える。

何が組織のレジリエンスを損うのか

組織はもともとレジリエントな存在

個人のなかに「レジリエンス」が備わっているならば、その延長として集団にもレジリエントな力を見出すことはできる。チームワークのレジリエンスがそれであった。では経営層を含めた組織全体はどうだろう。

一見すると、組織を上から見下ろした場合、個人やチームのようにパーソナリティとして捉えられる部分がなく漠然としている。おまけに、そもそも厳しい競争社会で生き抜くことを選択した人々の手によって営まれる企業組織は、もともとレジリエントな存在である。変化と競争のるつぼであるビジネスの世界で、新商品や画期的なサービスを通じて無から有を生み出し、顧客を獲得し、その結果として信頼を勝ち得て収益を手にする。

しかもそこには努力に見合うだけの確実な成功が約束されているわけではない。

したがって、逆境に弱い個人がゼロベースからレジリエンスを獲得するような意味で、組織のレジリエンスはどうあるべきか、どうすれば身につくかを考えても意味がないのだ(宙をつかむような〝あるべき論〟で終わってしまうだろう)。


ところが、次のように二つの視点で考えると、また別の側面が見えてくる。

その一つは、もともとレジリエントである企業組織が、自らのレジリエンスを損ってしまう要因に焦点を当てることである。起業家が会社を立ち上げ、レジリエンスを発揮してさまざまな逆境を乗り越え、競争に勝ち、市場で安定したポジションを獲得する。しかしこうした状態が長く続くと、やがてレジリエンスが徐々に後退していく局面を迎えることになる。なぜならそこに「レジリエンスを弛緩させるさまざまなリスク」が増殖しはじめるからだ。

かつて新聞雑誌の経営欄やビジネス書などで「優良企業」「ナンバーワン企業」と称賛された企業のどれほどが、その後首尾一貫して看板通りの歴史を歩んでこれただろうか。

もう一つは、企業組織というのは、何らかの不測の事態に直面したときにこそ、組織ならではのレジリエンスを発揮するのではないか、という視点である。会社の業績がV字回復を果たした、誰にも真似できない斬新な新商品を開発したといった場面では、組織のレジリエンスはあまり目立たない（これはむしろチームワークの視点だ）。

ここでテーマとするのは、〝危機〟に直面したときに、組織は平素のレジリエンス力をどんな形で発揮し、どのように運用するのかということである。組織の本性や本音は、危機を目の前にしたときに最も明確な形となって立ち現れる。それをレジリエンスの観点から掘り下げてみよう。

リスクは〝風通しの悪さ〟から生まれる

レジリエントなトップリーダーや部門リーダーがいる。粘り強く優秀な人材が集まっている。社員の心を一つにまとめるノウハウがある。商品やサービスだけでなく、会社の風土や文化的な質の高さ、持ち味などが社会に評価されている……。組織のレジリエンスを織りなす要素はさまざまだ。

ところがなかには、人も羨むレジリエンスを発揮している企業でありながら、ときとして月並みの失敗や対応のまずさ、脆さを露呈することがある。

例えば世界ブランドの一つである大手洗剤メーカーは、あたかも一口サイズのゼリーのように見える斬新なデザインの洗剤を発売した。ところが発売から二カ月の間に、子どもや高齢者がこれをうっかり口にする事故が日本国内で25件発生した。

また、ある大手通信販売サイトは、ユーザーが会員になることを条件として一定期間無料で使えるサービスを開始した。ところが非会員たちは、このサービスを会員集めのための無料お試しキャンペーンと勘違いし、とりあえずクレジットカード情報を仮登録して心おきなくこのサービスを使いはじめたのである。後日、自分の口座から無断で入会金を引き落とされたと誤解した多くのユーザーから、このサイトに抗議の電話やメールが殺到した。

いずれもデザインのあり方や安全性、サービスの方式やユーザーへの周知方法などを社内で事前に確認していれば、起こるはずもない初歩的な失敗ばかりだ。こうした事実は、起こることが予想されるリスクと、起こってしまった危機の深刻さに対する認識不足という意味において、必ずしも彼らがレジリエントではなかったことを示している。

一般に商品企画段階でのアイデアや開発段階の仕様の良し悪しは、必ず複数の人の検討や検証を経て次に引き渡される。ところがそれが見落とされたということは、広い意味での「コミュニケーション」に問題があったのだろう。ではなぜコミュニケーション不足が生じたか。

こうしたブランド力のある大企業の場合、最も説明のつきやすいのが、よくいわれる「サイロ化」の問題である。

サイロ化とは、部門どうしが縦割りで意思疎通が図りにくくなっている社内環境のことだ。カリフォルニア大学バークレー校名誉教授で、ブランド論の大家でもあるデービッド・A・アーカーは、「細分化した市場を受け持つサイロごとの独自路線は有効のように思えますが、それを優先させると全体的なコントロールを失うことになり、ブランドの弱体化や衰退につながります」と述べている。[1]

彼の言う「全体的なコントロールを失う」とは、その商品の長所や短所が共有されない、さまざまな視点でその商品をよりよくしようという相乗効果が働かない、天下の企業が提供する商品だから消費者も文句は言わないだろうとの勢いでトップダウンで突っ走ってしまう、といったことなどを指すのだろう。

ブランドは、商品個別の問題ではなく、複数の部門間にまたがる組織全体の問題である。より消費者に受け入れられるブランド力のある商品を出そうというのなら、サイロ自体がボトルネックになる。次の事例でもコミュニケーションの問題を取り上げるが、こちらはもっと根が深い。

〝決定事項〟は動かないという思い込み

一匹の蟻の入るすき間もないほど緊密に秩序の保たれた頭脳集団の組織というのは、権威の象徴であり、社会からは絶対的な信頼と尊敬を勝ち得ているように見える。しかし、そうした最高権威の象徴の一つである独立行政法人「理化学研究所」で起こった問題は、危機が起こったとき、必ずしも社会の期待に応えられるようなレジリエンスを発揮できるとは限らないことを示している。

2014年1月、同研究所の一人の女性細胞生物学者が画期的な発表を行った。体細胞を外から刺激して初期化すると、さまざまな生体組織と胎盤組織に分化できる能力を持つ細胞ができるというものだ。彼女はこれを「ＳＴＡＰ細胞」と名づけた。この作製方法は簡便で世界初の画期的な方法であるとされ、ＳＴＡＰ細胞論文は権威ある科学誌「ネイチャー」にも掲載された。

ところがその後、状況は一変した。この科学者の発表論文に、さまざまな細工や他の論文からの盗用が見つかり、ＳＴＡＰ細胞の作製方法や存在自体にも疑問の声があがるようになったのである。発表から数カ月後の釈明会見で彼女は、自分の不勉強やミスは認めつつも、世間で取り沙汰されている疑惑については否定し、ＳＴＡＰ細胞は存在すると断言した。

その後、理化学研究所の内部・外部の有識者による調査や、この科学者を含む複数の科学者たちによる、ＳＴＡＰ細胞の検証実験が行われた。

やがてネイチャーは掲載論文を撤回し、調査委員会はこの科学者が発表した論文には不正や改ざん、捏造が認められること、ＳＴＡＰ細胞は存在しないことなどを正式に発表するに至ったのである。

これは、特別な組織のなかの一科学者が起こした特別な出来事なのだろうか。そもそもの問題の根もとは、ＳＴＡＰ細胞の研究に関わった人々が、彼女の実験記録や論文の不自然な点や矛盾点などを完全に見逃していたところにある。疑惑の本質が意図的なものか偶発的なミスによるものかはともかく、それをチェックするための機構がまったく働いていなかったところに問題があるのだ。

実はこれは、いわば〝決定事項〟のリスク[2]として、どの組織にも起こり得ることなのである。理研が女性科学者を採用し、研究ユニットリーダーとして信任する（決定事項）、この科学者からのアウトプットは、そのまま正しいもの（決定事項）として外部の研究者に引き渡される。そして理研のお墨付き（決定事項）を得た研究論文は正しいものとして、そのままネイチャー誌に掲載される……。

大きな組織では、上層部とか、エリート集団ゆえに特権的な地位を与えられた部門などが、誰からも監視されたり批判的な目で見られたりすることなく、常に秘密のベールに包まれたままでいることがある。このような組織から、たまたまリスクや問題をはらんだ情報や命令が発信されたとしても、それが少しの疑いも差し挟まれることなく下の階層へ、現場へ、そして世の中へ出てしまうことが往々にしてあるのだ。

以前になされた決定の根拠や情報源をいちいち確認していたのでは、効率的な組織運営はのぞめない。多くの組織では〝決定事項〟をもとにして命令や結果を相手に引き渡しているので、この種のリスクは避けがたいのが実情である。

とはいえ、科学の世界でこれをやってはいけない。世界初の画期的な細胞作製ノウハウであるからには、逐一検証を行い、その真偽を確かめるのが筋だ。しかしけっきょく彼らは世間一般の企業並みに〝決定事項〟のリスクを冒してしまったのである。

この種のリスクが発覚したとき、組織内の結束力や協力意識は、相手に対する不信感や懐疑心にとって代わられるだろう。そしてポジティブな姿勢を損ない、自己効力感を下げてしまうことになるにちがいない。

落とし穴にもなるコンプライアンス

コンプライアンスとは「社会の要請に応えること」である。日本語では「法令順守」という限定的な意味で使われることもある。多くの企業はコンプライアンスを意識してビジネスを営んでいるわけだが、社内で不測の事態が起こったとき、ともすると法令に違反したかどうか、是か非かだけの短絡的な思考に向かうことがある。

ある教育事業大手が、大量の顧客情報が漏えいしたと発表した。漏えいがわかったのは、個人データが盗まれた顧客の住所宛てに、この会社のライバル会社からダイレクトメールが届いたからである。つまりライバル会社が、知ってか知らずか名簿業者から買い取った問題の流出データを使い、見込み客獲得の宣伝をしていたということになる。

犯人はすぐに特定された。この企業がデータベースの管理を委託していた会社のシステムエンジニアが名簿業者に販売する目的でデータを盗み出したものだった。ぼう大な数の情報が、一人の悪意ある者の手によってスマートフォンのメモリカードに簡単にコピーできてしまうとは恐ろしいことだ。

その後の調査で、当初760万件とされた流出件数は家族の分も含めると4000万人以上になるとわかった。この事態を受け、同社は信頼回復のために次のような措置をとった。

一つは情報漏えい被害のあったすべての世帯に、お詫びの品として一律500円の金券を配った。次に200億円を拠出して恵まれない子どもたちを支援する「こども基金」を設立。同社は「弊社のもうひとつのお詫びの在り方です」としてこの基金の設立理由を述べた。さらに、このような事件の再発を防止する目的で、セキュリティ専門会社と提携し、同社グループの情報システムの運用・保守を担う合弁会社を設立すると発表した。これにより世界有数のセキュリティ体制を強化できるという。

この会社の事件後の対応は速やかであり、一見するときわめてレジリエントである。しかしよく考えると、どうもチグハグでもある。被害を受けた家庭には、お詫びの印にと金券一枚で済ませている。盗まれてしまったデータが悪用されたら……、子どもに何かあったら……という家族たちの不安は何も解消されていないのだ。

その一方で、この問題に早く決着をつけ、真っ白にリセットしたいと言わんばかりに、立て続けに「こども基金」や「情報システム運用・保守会社」の設立に着手している。我々はコンプライアンスには抵触していませんよ、きちんと応えていますよとアピールするためのキャンペーンのようでもある。

コンプライアンスという言葉は誤解されやすい。今回のような事件が起こり、犯人が特定されると、「この件は個人が起こしたことであり、我々の会社が法律に背くことをやったわけではない。むしろ事件の被害者である」となる。同時に「わが社がコンプライアンスに力を入れていることを社会にアピールするにはどうするか」という意識も働く。

コンプライアンスが平素の企業の営みの反映ではなく、自社のイメージダウンを払拭するための情報戦術として使われてしまうのだ。この結果、今回のケースのように本来の被害者への対応がなおざりになってしまうことも少なくないのである。

危機に直面したとき、冷静かつ合理的に判断し、粘り強く行動する源はレジリエンスなのだが、こんなときに限ってコンプライアンスという手っ取り早いパフォーマンスでフタをし、幕引きをはかろうとしてしまうのである。これはどの組織にも起こり得る、コンプライアンスの落とし穴といわざるを得ないだろう。

クレーム、バッシングに対する失策

インターネットが炎上したらおしまい？

インターネットが社会に普及してから今日まで、予想もしなかったさまざまなリスクが生まれてきた。ウイルスやスパム、なり済ましなどの脅威がメールやウェブを通じて拡散するといったことはもはや語るまでもない。

一方、こうした最初から悪意のある脅威とは別に、日常の私たちが誰でも当事者になり得る、あるいは被害者になり得るネット上のリスクも増えている。それがブログやツイッター、フェイスブックといったソーシャルメディアを通じて拡散する風評リスクだ。

この種のコミュニケーションツールは、誰でも気軽に使いこなすことができるだけに、うっかりすると気分や感情にまかせて社会的に問題のある発言や画像を投稿してしまう危うさがある。とりわけそれが、特定の企業や商品を批判したり攻撃したりするネガティブな情報である場合には、マスメディアも注目するだろう。

一度その情報がニュースになれば、下手をするとバッシングに発展して顧客離れや人材離れが起こる。取引先からの不信感を買い、ブランドの失墜や倒産に至ることもある。2014年に起こった次の二つの異物混入事故などは、ソーシャルメディアが企業にとって大きな脅威になり得ることを改めて考えさせられた出来事であった。

① インスタント焼きそばメーカーを危機に陥れたツイッター投稿画像

ある日、定番インスタント焼きそばに虫が混入していたとする衝撃的な画像とコメントがツイッターに投稿された。一日で2万件を超えるアクセスとなり、マスメディアが取り上げたこともあって、またたく間にこの情報は拡散した。当初メーカーは異物混入を否定したが、直後の保健所の立入検査で製造過程での混入とみなされた。

事態を重く見たメーカーは、消費者の信頼回復のために、問題の商品のみならず全商品を回収するとともに、全工場の生産を止めることを決めた。これによって全国の店からはまたたく間に同社の商品は消えてしまった。この事故によって生じた売上機会損失と回収コストを合わせると、損失は数十億円にのぼるとされる。

② 大手ハンバーガーチェーンの異物混入への対応

これも発端はソーシャルメディアだと思われる。東北のある店舗で販売したチキンナゲットに異物が混入していたという消費者からの投稿があった。すると連鎖的にここでもあそこでも、いろいろな食べ物、飲み物にプラスチック片やビニール片が混入していたとの声も相次いだ。この後これらの情報は、マスメディアを通じて画像や被害を受けた消費者本人のインタビューなども交えて大きく紹介された。

ただしこの会社の場合、大きな対応をする「品質上の問題」と個別対応をとる「お客様の申し出」とは異なるとして、次のように述べた。

「今回のような個別対応については問題一件一件を具体的につきとめ、保健所に報告し、それに対する指導を受けながら進めており、お客様への説明責任も果たしている」

一人の消費者やユーザーが、企業との一対一のやりとりを越えて、あるいはスキップして、いきなりネット上にクレームの一部始終を公開する。これをマスメディアが取り上げることによって、情報が社会問題として広く世間に認知されるようになる……。

こうした出来事はどの企業にとってもけっして他人事とはいえないが、起こらないように歯止めをかける対策といったものは現状では無いに等しい。企業にとっては起こることを前提とした意識と姿勢を持つ必要があるのだ。そこでまずは、危機に対してぜい弱な企業の対応姿勢とはどのようなものか、この二例を参考に考えてみよう。

「認められない」——危機の初動をつまずかせる姿勢

両社は歴史が長く、すでにゆるぎないブランドを確立した企業である。インスタント焼きそばメーカーが販売するブランド食品は、インスタント焼きそばブームの先駆けとなり、以来40年にわたって根強いファンを獲得してきた。

一方、1970年代初めに国内で営業を始めた大手ハンバーガーチェーンは、誰もが認める世界ブランドである。手頃な値段でファーストフードや飲み物を愉しめることもあって、こちらも前者同様、長きにわたって多くのファンを持っている。二つの企業はそれぞれ規模も業種も異なる。しかし、それぞれの危機対応のあり方を整理すると、似たような特徴を見出すことができる。

①　平素の異物混入事故の対応

この種の事故の対応手順はおそらく過去何十年にもわたって定着してきたものだろう。特にソーシャルメディアやマスメディアで騒がれるような類のものではなかった。両社にとっては「これまでいつも通りに対応してきたのに、なぜ今回に限ってこんなに騒ぎ立てるのか？」といった被害者意識が働いていた可能性がある。

②　危機対応のあり方

インスタント焼きそばメーカーは当初「製造過程での混入は考えにくい」としたが、騒ぎが大きくなり、保健所の検査でそれがくつがえされたこともあり、間もなく全商品回収、全工場の休止に踏み切った。一方大手ハンバーガーチェーンは、最初から異物混入はあり得ると認めている。それを認めたうえで、これは個別問題だから大きな対応は考えていないと突っぱねた。

ここから見えてくるのはソーシャルメディアの声に対する初動のつまずきである。

二社の対応には「否認」という共通点がある。前者は最初異物混入の事実を認めなかった。後者はあくまで個別問題であるとして世間の騒ぎを無視した。

前者は最初の「否認」が裏目に出て、全商品回収と全工場の休止という過剰反応を起こし、後者は世間の騒ぎを無視したことで大きなイメージダウン、つまりバッシングや信頼あるブランドの著しい低下を招いたのである。

上層部に「共感力」はあったか？

企業ブランドや商品ブランドを確立した老舗の企業というのは、時間が経つにつれて保守的で上からの目線になりやすくなる。その結果消費者の顔（心理）が見えにくくなるのである。消費者を理解しようとするポジティブな姿勢、つまり「共感力」が失われているといってもよい。

十年一日のごとく、機械的にマニュアル通りにクレーム対応していれば問題ないという意識。これが上層部から現場部門まで行き渡ってしまうと、何かまずいことが起きたときには「うちの商品に限ってそんなことはあり得ない」「放っておけば自然に騒ぎは鎮火する」といった姿勢に走りやすいのである。

これはまた、時代の変化に対するセンサーが働かなくなっているということでもある。変化を察知するセンサーは、時代を先取りする新商品や新技術を開発するためだけにあるのではない。

ITが社会に根づいて以来、消費者の心も、消費者を取り巻く環境も大きく変化してきている。クレームや事故が発生したとき消費者にどんな心理が働き、どんな行動をとるのか。企業はこれらを消費者の目線でモニタリングし、リアルタイムで予測することが必要だろう。センサーとはこのことを指している。

「共感力」を持つ組織がどのようなレジリエンスを発揮するかは、クライシスコミュニケーションの手本とされる米国の製薬会社の対応事例にみることができる。

1982年、シカゴ近郊でジョンソン・エンド・ジョンソン社の解熱鎮痛剤「タイレノール」を服用した一般市民7名が死亡するという事故が起こった。人為的なシアン化合物混入の疑いも指摘されるなか、同社はきわめて迅速かつ効果的な対応をとっている。

経営トップ自らが陣頭指揮をとり、いち早く危機管理チームを立ち上げて真相解明に乗りだしたのである。テレビや新聞を通じてこの薬を使用しないよう繰り返し消費者に呼びかけるとともに、製造を停止してタイレノール全製品を回収した（回収費用は推定1億ドルとされる）。薬品製造プロセスの不備なども明らかにし透明性ある開示を行った。事件後は毒物混入対策として特殊なシールパッケージを開発した。

タイレノールは一度は全米の店頭から姿を消してしまったが、迅速な対応が功を奏し、ブランドイメージを損なうことなく、この二カ月後には事件前の売上の八割余りまで回復したのである。

このような場合、多くの企業がとる一般的な対応は「犯人探し」であり、「わが社の名誉と信頼が傷つき、多大な損害を被った」という被害者意識に基づいたものであろう。この意識が心を占めている限り、釈明だけが先行し、根本的な問題は解決しないまま、下手をするとマスメディアや世間のバッシングを誘発してしまうことが多い。

ジョンソン・エンド・ジョンソン社が最優先したのは犯人探しでも、自社のブランドを固守することでも、損失を最小化することでもなかった。マスメディアに何度も登場し、消費者に薬の危険性を訴え、その説明責任を果たし続けた経営トップのメッセージは明快である。当時の新聞は「費用を度外視してでも消費者の命を守ることを選択した」として称賛している。

ジョンソン・エンド・ジョンソン社の効果的なクライシスコミュニケーションと透明性、

消費者保護への堅固なコミットメントのルーツは、同社が60年以上も前に発行した「当社の信条（「Our Credo」）」と題する経営理念に読みとることができる。医師、看護師、患者、地域社会、株主にミッションやビジョンを伝え、説明責任を果たす目的で書かれたものだ。

同社が会社の利益よりも、消費者の命を守ることを第一に考える態度を示し続けることができた背景には、この信条に基づく共感力の醸成があったといえるだろう。

一人ひとりに根づいていた使命感

被災集落に見る組織レジリエンスの原点

組織のレジリエンスといえども、突き詰めれば「個人力」に他ならない。個人力の結集が組織のレジリエンスを形づくるといってよい。しかしそれは、優秀な営業マンが三人集まれば、三倍の売り上げが期待できるといった意味ではない（これはレジリエントなチームワークのところで見たとおりである）。

レジリエンスには個人差がある。それをどのような形で発揮するかは人それぞれだ。一律にとらえることはできないと見るのが自然である。また、これはいうまでもないことだが、組織には組織としての共通の目標があるから、一人ひとりが自己効力感を発揮しつつ、

「つながる力」あるいは「共感と協調の力」として結集しなければならない。

　では、このような「つながる力」はどのようにして実現されるのだろうか。それを知る一つの手がかりがある。東日本大震災で被災した、とある集落のレジリエントなコミュニティ力である。[3]

　２０１１年3月の東日本大震災で、岩手県三陸沿岸の村々は甚大な被害を受けた。陸前高田市にある人口約２００人、60世帯の長洞地区もその一つだった。多くが孤立し、救援物資も届かず困難をきわめるなか、この集落は見事難局を乗り切ったのである。

　まず避難所の設置を待つことなく、家を流されなかった家庭では被災した家庭の人々を受入れ、配給物資がとどくまでお互いの食料や医薬品を持ち寄って手当したという。救援物資が到着するのを手をこまねいて待つのではなく、ガレキだらけの道を自ら切り拓きながら、軽トラックで物資を取りに行く機動力も発揮した。

　また、仮設住宅の確保もきわめて特徴的なものであった。市は遠方の仮設住宅への入居を提案したが、これでは入居できる人できない人ばらばらになる。そう考えて市の案をしりぞけ、漁港を見下ろす地区内の高台に、土地所有者の協力を得て住民自ら用地を確保したのである。最終的に仮設住宅には、家を失ったすべての人々が入居することができたという。

このレジリエントなコミュニティ力は、集落が小規模であったからこそ発揮できたともいえるが、その根底には集落の人々の親密さと助け合いの精神、すなわち「つながる力」があった。都会のように隣人どうしの顔も知らない関係では、たとえ10戸の家ですら、コミュニティの力を活かすのはむずかしいかもしれない。

このケースではレジリエンスから見た組織力の原点を次のようにまとめることができる。

第一に、メンバー一人ひとりにはっきりとした共通の目的と目標が見えていること。集落の場合、それは一日も早く安心できる生活に戻れること、復興が進むことである。

第二に、お互いに共感し、協力し合う姿勢が備わっていたこと。共感がなければ組織はまとまりを欠いてしまう。成果主義がそうだ。成果主義とは究極の個人主義といってよい。自分のために成果を出そう、自分のために人を動かし、自分のためなら人に従おうとする個人が社内に増えればどうなるか。推して知るべしである。

最後に、メンバー一人ひとりが自分の得意とするもの（＝強み）を発揮できること。この集落の場合、家を流されなかった家庭で被災した家庭の人々を受入れ、手当する人々がいた。配給物資調達のために自ら軽トラックを用立てる人、仮設住宅用の土地を提供する人がいた。自分にできることは何かを知っており、その知恵と労力をおしみなく提供したのである。

禁を破ることができる主体的な判断力と行動力

組織は一枚岩ではない。そこにはいくつもの階層がある。なかでも、自然災害のような不可抗力によっていつも通りの業務を遂行できなくなったとき、いち早く臨機応変に機動力を発揮しなければならないのが一般従業員たちだ。そのとき、彼らはどのようにふるまうのだろうか。

次のケースは、東日本大震災当日のある大手テーマパークの初動対応のあり方を描いたものだ。すでにマスメディアでも取り上げられ、一般従業員たちの優れた判断と行動力がクローズアップされた。[4] ここではそれをレジリエンスの観点から考察してみよう。

その日の午後、とつぜん異様に大きな揺れがテーマパークを襲った。「頭を守ってしゃがんでください」「みなさま、どうぞその場にお座りになってお待ちください」。園内スタッフたちは、半ばパニックに陥っている大勢の来園者たちに冷静な声で呼びかけた。

巨大地震が発生した。当日の来園者数は約7万人、テーマパークのスタッフ約1万人。スタッフの大半は学生を中心としたアルバイトである。前代未聞の危機的状況にもかかわらず、彼らは普段と変わらない様子で一人ひとりが自ら判断し、行動したのである。

あるスタッフは店舗販売用のぬいぐるみを持ち出して、来園者に「これで頭を守ってください」といって渡した。来園者の安全確保のためには、園内の使えるものは何でも使ってよい、そう会社側から聞いていたからである。別のスタッフは、来園者たちはお腹がすいているに違いないと判断し、クッキーやチョコレートを無料で配った。

彼らはいつもの礼儀正しさとサービスの精神を忘れていなかった。大きなシャンデリアの近くで余震の恐怖におびえている子供たちに、機転を利かせて「僕はシャンデリアの妖精です。何があってもみなさんを守ります」と呼びかける者もいた。来園者たちの気を紛らそうと、「この絵のなかに〝隠れミッキー〟がいますよ。よかったら一緒に探してみましょう」とおみやげ袋を掲げてみせる女性スタッフもいた。

気温10度、雨混じりの天候。夕刻が近づくにつれて寒さが厳しくなる。寒さをしのいでもらうために、スタッフたちは「夢の王国」の禁を破り、おみやげ用のビニール袋やゴミ袋、段ボールまで持ち出してきて来園者に配った。

当日は約2万人の来園者が園内に帰宅困難者として足止めを食うことになった。冷え込みは厳しくなる一方である。隣接するもう一つのテーマパークの建物の安全確認が終わった。一刻もはやくここにいる来園者たちをその施設に移して一晩安全にすごしてもらいたいと考えたが、暗闇のなか、液状化で傷んだ通路を歩かせる危険を冒すわけにはいかない。統括本部で指揮を執っていた責任者もまた、「夢の王国」の禁を破り、従業員通路（いわば舞台裏）を通ってもう一つのテーマパークへの道を案内したのだった。

来園者、スタッフとも負傷者ゼロ。こうして来園者の安全を最優先する危機回避行動はみごとに功を奏したのである。

明確なミッションと緊密なコミュニケーション

このテーマパークのスタッフの大半は若年層のアルバイトたちである。ふつうなら、経験したことのない大地震に遭遇すれば、アルバイトという立場の気安さも手伝って、まずは他人よりも自分の身の安全をはかるのが先決だ。自宅や家族のことが何より心配であり、とりあえず帰宅を急ぎたいというのが本音だろう。

ところがこの事例からもわかるように、彼らは完全にベクトルを同じ方向に合わせ、テーマパーク従業員として見事な対応をしている。ここにはどのような力学が働いていたのだろうか。このテーマパークを運営する会社の方針や組織文化に関する資料を探ってみると、次のようなレジリエンスの特徴と一致する点が見えてくる。

① ミッションが明確

緊急事態下で真っ先に何を守り抜かなければならないのか、スタッフ一人ひとりに根づいていた。このテーマパークを運営する会社には、SCSEと呼ばれる行動規準がある。会社として守るべきものの優先順位は第一に安全（Safety）、第二に礼儀正しさ（Courtesy）、第三にショー（Show）、第四に効率（Efficiency）としている。

「安全」が最初に来ている理由は、もし「夢の王国」でけが人や犠牲者が出れば、夢の国ではなくなるからである。組織がレジリエントであるためには、一人ひとりの心に目標や使命が見えていなくてはならない。おそらく研修や教育を通じてこれが徹底されていたと考えられる。

②　緊密なコミュニケーション

これは先輩と後輩の関係によく表れている。「俺を見習え」「自分で考えろ」ではなく、お互いの良い点、悪い点を知り、価値を共有する。これを人間関係上の平凡なあるべき論に過ぎないと受け止めるのは早計だ。一方向的ではなく双方向の緊密なコミュニケーションが「つながる力」や「共感」を高めるのである。

現にコミュニケーションが不活発な組織の多くは機能不全を起こし、十分な力を発揮できていないのが実態である。単なる融和のためではなく、自分の強みをアピールし、弱みを指摘してもらい、問題や課題を解決し合う戦略的な関係を積極的に築くことで、よりレジリエントな力が発揮されるのである。

③　自己効力感の発揮

レジリエンスの発揮は、主体的な判断力と行動力にある。この問題は自分で乗り越えられる、現状は変えられるという自己効力感のことでもある。スタッフたちはこれを「お客様の気持ちを思いやる」というポジティブな視点（「共感」そのものだ）を通じて行動の動機づけに活かしていたと考えられる。ひっきりなしに襲ってくる余震が怖い、寒い、心細い、お腹もすいた。自分がそう感じているのだから、お客様だって同じだろう、という視点を持っているわけである。

ここに率先して来園者の困難な状況を少しでも変えてあげようとする意志が働き、行動に出られたのである。

こうしたスタッフたちの活躍に対しては、「アルバイトに応募する若者たちは、このテーマパークの根っからのファンであり、最初からモチベーションが違うのだ」といった意見もある。しかし人間というのは、非常時においては、単にあこがれの職場だからという理由だけでは一貫性ある行動をとれるものではない。

すでにテーマパークの舞台裏（従業員の世界）を見て知っている彼ら彼女らは、ある種の冷めた現実感を持っていたはずである。アルバイトという制約上、賃金その他の待遇面では他企業の労働条件と大差ないだろう。自分自身の安全と安心を確保するために会社の行動原則を破ろうと思えば、いつでもできたわけである。

それでも事例のような行動に出ることができたのは、一人ひとりの心に根づいていたミッションが合流し、主体的な判断と行動力となってより大きな目標（来園者の「安全」と夢の王国を守ること）を達成できたからに他ならない。

バウンスフォワード——より望ましい方向への回復

バウンスフォワードとは「結果」である

災害の混乱とダメージをいかに乗り越えるかについて議論をするとき、欧米ではしばしば「バウンスバック」とか「バウンスフォワード」という言葉を使うことがある。どちらも「すばやく回復する」ことを指す言葉なのだが、次のような違いがある。

バウンスバック（Bounce Back）は、「元の状態に戻る」という意味であり、私たちが日常使う「復旧する」とほぼ同じものだ。近年では速やかなバウンスバックを実現するために「事業継続計画（ＢＣＰ）」と呼ばれる危機対応計画を持つ企業も増えている。

もう一つのバウンスフォワード（Bounce Forward）はあまり馴染みのない言葉だが、その意味するところは「より望ましいレベル・方向へ回復すること」である（図表10を参照）。

バウンスフォワードについては、次の例で具体的に説明しよう。東日本大震災のときに小売大手I社グループが発揮した商品調達力の話である。[5]

この震災では、被災地から首都圏にかけての多くの小売店で欠品が相次いだ。メーカーの被災や計画停電、首都圏での消費者の買いだめによる品不足も加わり、食料品や生活必需品はあっという間に店頭から消えてしまった。

このときI社もまた、津波により壊滅的な被害を受けた太平洋沿岸部の店舗はもとより、多くの系列店が営業停止を余儀なくされた。しかし同社は、全力で店舗の復旧を急ぐ一方で、通常量を何倍も上回る商品を次々に確保し、震災から数日で多くの店頭の品ぞろえを回復したのである。ここには次の二つの戦略があった。

一つは、平素から進めていた商品調達方式の変更である。中間コストを省く目的で食品メーカー84社との直接取引に改めた他、複数の調達ルートを確保した。在庫リスクを負う

図表10：バウンスバック（上）とバウンスフォワード（下）のイメージ

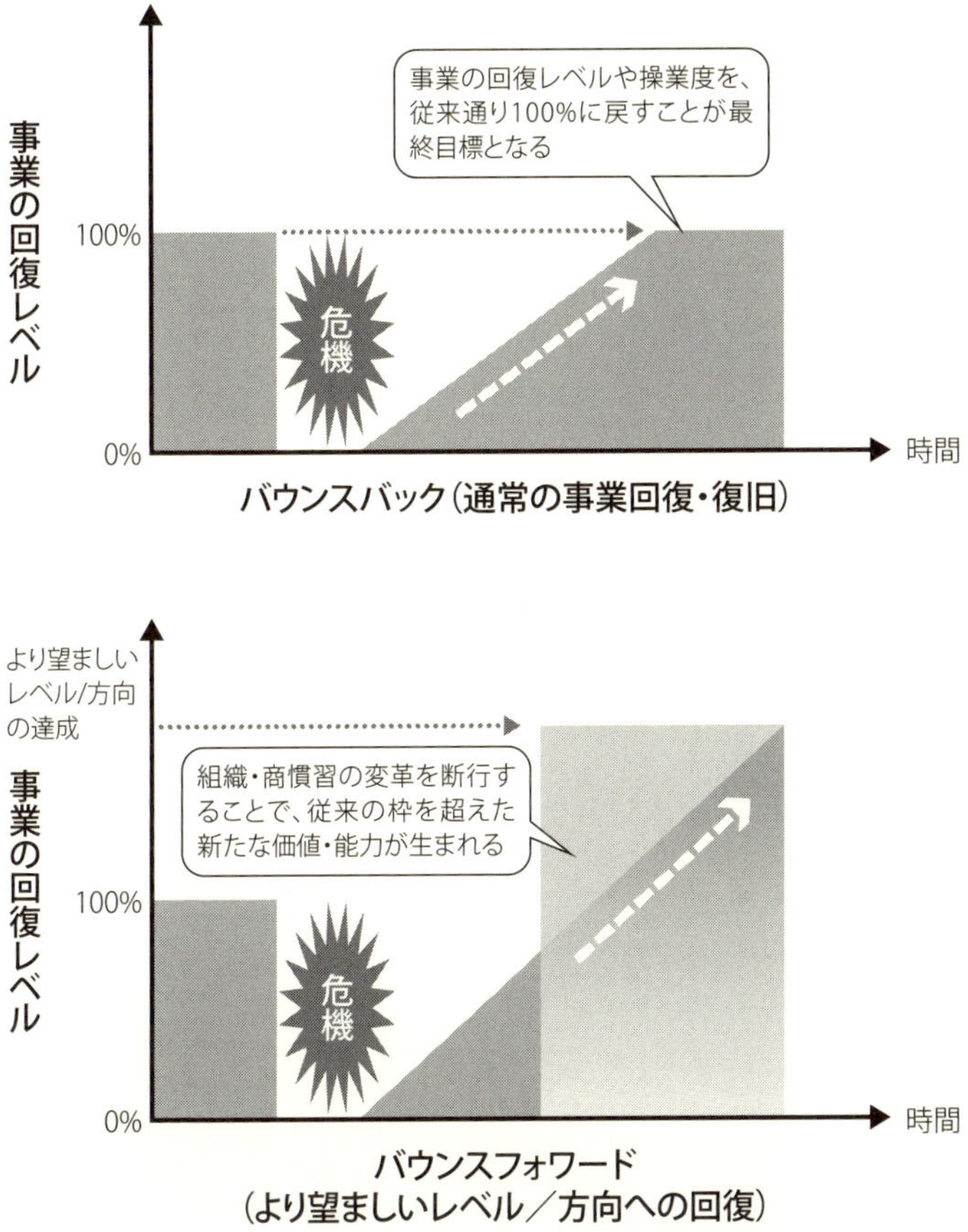

代わりに、メーカーとの顔の見える信頼関係を築いたおかげで、調達量を調整しやすくなった。震災直後には需要急増に合わせて、平時の六倍の量を調達できたという。

もう一つは、震災直後からトップや幹部たちが自らメーカーに足を運んで情報の収集と商品供給の要請を行ったこと。メーカーには行政からの救援物資要請も来るため、何も手を打たなければ供給の優先順位を落とされてしまうリスクを察知していたのである。

I社は、従来の慣れ親しんだ商品調達方式からより望ましい方式に移行し、複数経路のサプライチェーンを開拓していたことが強みとなり、非常事態に際しても迅速かつ十分な量の商品を調達、供給することができたのである。


バウンスフォワードは、災害復旧のために考案された特別な戦略でも、何か飛躍的なことを成し遂げようとあらかじめ画策して行動に出ることでもない。テクニックやテクノロジーを駆使したものでもない。バウンスフォワードとは「結果」なのである。

ただしそれは偶然の結果ではない。この例からもわかるように、平素から経営の現状に対する飽くなき変革意識を持っていること、トップリーダーがいち早く危機を察知し、率先して動く文化が組織にあることが必要だ。そうした姿勢が、何かの劇的な事態に遭遇したときに、望ましい形となって表れることをいうのである。海外にはよりユニークなバウンスフォワードの事例がある。それを次に見てみよう。

自己を変革しようとする意志が危機をチャンスに変える[6]

2001年、オーストラリアにある通信関連のハイテク企業が火災に遭い、工場在庫の八割、数万点の製品を失った。この災害の被害と今後への影響を調べたところ、危機的な状況にあることがわかった。

まず、手続き上の問題から保険金の支払いが遅れ、これに加えて売上機会損失のために運転資本が著しく悪化。特注品の試験装置や生産設備、特殊工具類の多くも火災で破損し、この結果すべての生産ラインの三分の一が使用不能となったのである。

また、設計図面や技術ノート、プロトタイプ、ISO関係書類などの知的財産も深刻なダメージを受け、これもまた事業再開を阻む大きな足かせとなった。会社にとって最も影響が大きかったのは顧客やサプライヤーとの関係である。被災により会社の信頼は低下し、多くの顧客や取引先が海外へシフトしたり契約を打ち切るありさまだ。

ところが、これほど将来への見通しが絶望視されたにもかかわらず、同社はその後奇跡的な復興を果たし、ベトナムとイギリスで事業を再開するに至ったのである。そこには、次の二つの特徴的な姿勢と行動力を見て取ることができる。

①〝元の状態〟ではなく〝その先にあるビジョン〟を持つ

同社はまず、事業の復旧と復興のための戦略を組み立てた。被災を免れたラインを使い、売上への影響が最も大きい既存客先向けの製品を供給すべく最大限努力した。被災した建物・設備を別の場所に再建し、限定的に稼働を再開した。そして注目すべきは、単に元の状態に復旧させることを最終目標としたのではなく、その先にある新たな「ビジョン」を設定したことである。

このビジョンを実現するために、組織は顧客との信頼を維持するために欠かすことのできない品質関係の知的財産の再整備を急ぐとともに、電子試験機器や工具の設計を見直し、将来の事業再開に備えた。

新たなビジョンには抜本的な組織変革が伴う。火災の直後、同社の組織はパワーバランスが崩れて混乱した。問題を解決できずに会社を去っていった幹部もいたが、会社はこれに動ぜず組織再編に着手した。まずそれまでの階層型組織をフラットにし、主要な権限を各部門ごとに持たせた。しかし全体としての事業目標にぶれはなく、統括本部長を中心に3名の経営チーム（統括本部長、生産本部長、同社を熟知する公認会計士から成る）の手で着々とオペレーションは進められた。

② 社内風土を刷新することで個人の意識も変わる

同社は以前より製品の多様化を通じて市場を拡大したいという戦略を持っていた。より広い、リスクの高い市場に革新的な製品を投入するためには、財務部門とエンジニアリング部門の機能をより活性化する必要がある。組織全体で新しいリーダーシップを発揮できる体制をつくるために、抜本的な変革が求められていたところだったのである。

ところが火災によって状況は一変した。幹部たちが会社の将来に絶望し、会社を去っていったことで、新たな意思決定チームを形づくるきっかけとなったわけである。この経営チームの誕生で、社内の空気は一変した。

これまでは保守的かつ縦割り的な職場で、成熟市場に向けて安定した製品を機械的につくり続けていた。しかし新経営チームの発足後は、お互いを尊重し合う協調的な雰囲気のなかで、革新的な製品の開発に夢をかける空気ができあがっていったのである。

経営チームは、復興にかける意気込みを従業員たちの前で口にすることはなかったが、そのひしひしと感じられる「ひそかな自信」は、従業員一人ひとりの価値観や安心感を育て、会社全体に良い影響を及ぼしたという。その結果従業員の士気は全社的に大幅に向上することとなった。

バウンスフォワード実現の道筋

おそらくこの会社は、火災に遭うまでは、どこでも見かける平均的な組織であったように思われる。事業が軌道に乗り、成熟期を迎えて幹部たちは保守的になり、抜本的な改革をしたくてもなかなか腰が上がらないといった意味においてである。

ところが災禍に遭遇し、壊滅的なダメージを受けたことで経営者たちに大きな試練が立ちはだかった。いかにして生き残るか。彼らにとっては、まさに順風満帆だった大型旅客船が氷山に衝突したときのような心境だったに違いない。生き残るか終わるかの二者択一しかないなかで、彼らが発揮したレジリエンスはどのようなものだったのだろうか。ここには、次のような教訓を見出すことができる。

①　組織変革への迅速な着手

災害からの復旧というのは、被災した状態から徐々に回復させ、最終的にいつも通りの１００％に戻ることで良しとするのが一般的である。しかしこの事例では、バウンスフォワードに向かうきっかけである自社の変革意識に目ざめたことで、被災現場を元通りに復旧するだけでなく、中長期の新たなビジョンを描き、それに則してやるべきことの優先順位を決めている。

この場合の「自社の変革意識」とは、いうまでもなく以前より市場拡大をねらって抜本的な改革を行いたいと考えていたことを指す。

そして、上位管理職たちが会社を去ったのを機に、すかさず抜本的な組織改革を行っている。階層的で縦割り意識の強かった組織をよりフラットにし、それぞれの部門に主要な権限を持たせている。これにより保守的傾向の強い上層部によってイノベーションにブレーキがかかることなく、経営チームは見通しの利く組織を柔軟に動かすことができた。

②　各個人のレジリエンスの発揮

新たな望ましいビジョンが決まっただけでは実現はおぼつかない。この会社がビジョンを達成できるか、否、そもそも生き残れるかどうかの保証などどこにもないのだ。しかし経営チームには「現状は変えられる」「必ずうまくいく」という信念があった。これはいうまでもなく個人のレジリエンスの要素として見てきた次の四つが遺憾なく発揮されたからに他ならない。

一つ目は「ポジティブな姿勢」。再建に関わる利害関係者や従業員たちを惹きつける力と呼んでもいい。二つ目は「固定観念と上手くつき合う」こと。会社を去っていった幹部たちのように、ここはもうだめだと匙を投げたのでは元も子もない。三つ目はお互いの「強み」を活かす姿勢である。統括本部長、生産本部長、公認会計士という経営チームメンバーの経験と能力は、そのまま新たな目標達成の推進力となったことだろう。四つ目は自ら道を切り拓くための「自己効力感」である。

③　従業員を惹きつけるレジリエントな「言葉」

この事例には、どん底まで落ちた会社を立て直す際に、一般従業員たちがどのように理解を示し、未来の不確かな職場でがんばろうと決意したのかについての情報がない。どんなに上層部に復興への確信があっても、一般従業員たちが半信半疑では成功しなかった可能性がある。

この点において手がかりとなるのは、「経営チームは、復興にかける意気込みを従業員たちの前で口にすることはなかった」が、それがかえって全社の士気を高めたという点である。一般的には、危機的なときにこそ心を鬼にし、従業員を叱咤激励し、はっぱをかけるのが経営陣のつねである。がしかし、そんなことをしても従業員はストレスばかりたまってついて来られないだろう。むしろ「経営陣があのようにカリカリしているくらいだから、会社は余程危ない状況にあるのだろう」と不安を増幅させてしまう。

たかが言葉、されど言葉である。この場合のレジリエントな言葉とは「多くを語らない」ということになるが、これがかえって相手にストレスを与えることなく、従業員たちの「共感」を獲得するためのよき媒介として作用したのだろう。

レジリエントな組織の特徴

共感力とコミュニケーションの力はあるか？

これまで「組織自らレジリエンスを損う原因」と「危機に際して発揮するレジリエントな力」の二つの側面から組織のレジリエンスを見てきた。それぞれの側面を整理してみると、組織レジリエンスの特徴は次のようにまとめることができる。

【組織レジリエンスの特徴】

・共感力とコミュニケーションの力がある

・わかりやすい理念が浸透している
・自己変革意識を持ち続けている

一つ目の「共感とコミュニケーション」の力の大切さを振り返ってみよう。

「共感」、つまりポジティブな姿勢は、個人、組織を問わずレジリエントな姿勢を維持する最も重要な要素の一つだ。社内の人間関係はもとより、相手が顧客であっても、取引先であっても、たとえライバル会社であっても、まず優先されるのが相手を意識し、理解し、対応する姿勢を維持することである。

組織内の共感力は、チームメンバーが一つにまとまり、目標に向かって進むような場合には同期力とかシナジーと呼ぶことができるだろう。また、対外的に組織対応の是非を決める上層部の立ち位置では、「相手を正しく見極めるための水平視点（相手と同じ目線）」と読み換えることができる。

むやみに上から目線になれば、相手や現状を否定したり侮ったりすることになる。逆に下からの目線になれば、相手に見下されたり足元をすくわれてしまうかもしれない。とくに消費者には配慮が必要だ。水平視点を忘れると、クレームなどが起こったとき「否認」に走りやすい。否認によって初動が遅れると、ソーシャルメディアなどを通じてあっという間に風評被害が広がってしまい、ブランドに悪影響を及ぼす事態となる。

「コミュニケーション」は「共感」と表裏一体である。コミュニケーションがうまくいかない理由の一つに組織の「サイロ化」があることはすでに述べた。サイロ化はお互いに顔の見えない完全なパーテーションで仕切られた個々のグループのようなものである。意思疎通がはかれず、建設的な議論を進めることもできない。そこに生まれるのはナルシシズム的な発想や上から目線の商品やサービスの開発だ。

また、コミュニケーションの貧困化がもたらす副産物として「決定事項のリスク」があることも述べた。官僚的な組織や権威主義的な組織にありがちなリスクだが、基本的にどんな組織もこの種のリスクは抱えている。もし最初の意志決定や命令のなかに「決定事項のリスク」が含まれていた場合、それは何の検証も精査もされず、前任者のお墨付きを得たものとして末端まで引き継がれる。そのリスクが危機となって表れたときは、すでに遅きに失することが少なくない。

こうした共感力やコミュニケーション力の欠如は、危機に直面したとき、あからさまに自己を正当化したり防御しようとする姿勢を作り出すことがある。コンプライアンスという隠れ蓑で自社のイメージダウンの幕引きを図ろうとする事例もその一つであった。「企業倫理」や「ＣＳＲ（社会的責任）」という概念もこれに類するものなので、これらが自己防衛の手段に堕することのないように注意しなければならない。

第１章で、レジリエンスとは「硬さや堅牢さとは異なる柔軟な力」であると述べたが、ここにもそれは当てはまる。目の前の危機を否定し、自己を正当化するために相手を説き伏せようとしたり、コンプライアンスや企業倫理実践のパフォーマンスでお茶を濁そうとする姿勢からは、柔軟な力、つまりレジリエンスは生まれないのである。

わかりやすい理念が組織全体に浸透しているか？

私たちは日常会話のなかで、「彼の行動にポリシーがある／ない」といった表現を使うことがある。ポリシーとは「方針」のことである。ポリシーがあれば、人はそれに則した一貫性ある行動がとれる。ポリシーがなければ糸の切れた風船のごとく、あちこちをふわふわと彷徨《さまよ》い、朝令暮改に終始することになる。

これは、いうまでもなく組織行動にも当てはまる。ポリシーの有無が最もシビアな形で組織に影響を与えるのは、災害などの危機に直面したときである。自分の会社は危機を乗り越えるために何を守り、何をやり遂げるのか？　そのことがあらかじめポリシーとしてＢＣＰ（事業継続計画）などに規定されている会社では、速やかに初動対応を終えて事業を継続するためのステップに移行できるが、そうでない会社は、ただただ混乱とパニックで右往左往するばかりであろう。

ポリシーは事前に準備されたものだけでなく、事後的なメッセージとしても有効に機能する。東北のある老舗デパートが東日本大震災で被災した際、社長は全従業員をワンフロアーに集めてこう伝えた。「一日も早く店舗を再開し、お客様の希望と安心を取り戻してください」

この文言だけでは平凡なメッセージにしか見えないが、当初恐るべき烈震と大津波で被災した市民は身も心もズタズタであった。そんななかで一日も早く店舗を復旧し、営業を再開する。店の前を通ればいつものようにウィンドウ越しにきらびやかな照明が灯り、一階のフロアーにはいつものように心地よい化粧品の香りが漂っている。

まさにそうした日常の光景が戻ってくることが、市民にとって何よりも心の支えになるのだ。社長のメッセージは全従業員の心を動かし、一つにまとめ、早期の店舗再開を果たしたのである。

ポリシーのない企業は「いつどんな危機が起こるわからないから対処のしようがない」と釈明する。ポリシーのある企業は「どんな危機が起ころうとも、守ること、やるべき事は決まっている」と胸を張る。両者の違いはここにある。

ポリシーをもう少し格上げすれば会社としての「経営理念」ということになるだろう。経営理念が組織の隅々まで行き届いていれば、どんな危機的状況でも、それを判断や行動の「核」として、さまざまな形で応用できる。

例えばジョンソン・エンド・ジョンソン社には「当社の信条（「Our Credo」）」があった。タイレノール事件が起こった際には会長自らその理念を携え、「会社の損失よりも消費者の命を守ることを優先する」というメッセージを世の中に伝えるとともに、これを実践的な行動に移すことができた。また、東日本大震災の余波を受けた大手テーマパークには、本部社員から臨時従業員に至るまでSCSEと呼ばれる行動規準が浸透していた。「夢の王国」を守ることは「お客様の夢」を守り抜くことでもあった。

さらに、これらに共通するもう一つのポイントは、理念というのは簡潔で誰でも理解できる言葉で語らなければならないことである。経営トップから中間管理層、一般従業員に至るまで会社の理念が共有されている。それは一人ひとりが理念を具体的な考え方や行動のイメージとしてブレークダウンできている、ということでもある。

例えば経営理念のなかに「まごころ」という文言があるなら、すべての階層と立場で、自分にとって「まごころ」が何を意味するのかイメージできていなくてはいけない。ジョンソン・エンド・ジョンソン社や大手テーマパークが危機に際して速やかに行動できた最大の理由は、まさにそれができていたからに他ならない。

難しい言葉や高邁深遠な言葉ではイメージが湧かない。単に形だけの理念になっていないか、みなさんの会社でも振り返ってみる必要があるのではないだろうか。

上層部が自己変革意識を持ち続けているか?

企業組織は、一度成功をおさめたり名声を獲得したりすると、その成功や名声を一つの模範として後生大事に守りぬこうとする傾向がある。しかしときが経てば、人の心もニーズも、テクノロジーも世の中の仕組みも、あらゆるものが徐々に、あるいは劇的に変化していく。同じ状態を保ち続けられるものは何一つない。したがってそれを固守しようとすれば、必然的に外の世界と噛み合わなくなって「自己矛盾」が生じてくる。

自己矛盾は、マイナスに作用すれば、自身の重みで崩壊する。

一方プラスに作用すれば、それまで抱き続けていた自己変革意識が何かのきっかけで具体的な形をとり、飛躍的な前進をとげる可能性が出てくる。いわば「危機をチャンスに変えられる」のである。この顕著な例として、本書ではバウンスフォワードというレジリエンス力を紹介した。

元サンディエゴ州立大学教授のスティーブン・P・ロビンスは、著書『組織行動のマネジメント』（髙木晴夫訳 ダイヤモンド社）のなかで、組織変革に対する二つのアプローチを示している。

一つは、変革とは未知の急流を下るいかだのように、常に起きている状態であり、予断を許すことなく継続的に取り組まなければならないプロセスであるとする見方である。先の事例でいえば大手小売企業I社による平時の流通コスト改革が当てはまる。この改革は、たまたま大震災が起こった際に、経営陣の速やかな交渉力と相まって、通常の六倍という脅威的な商品調達力（バウンスフォワード）を生みだすこととなった。

もう一つは、組織のバランスが崩れて推進力（変革への力）が増加するか、拘束力（組織内のしがらみ）が低下したときに変革が起こるとする見方である。これは通信ハイテク企業の例が当てはまる。このケースでは、平素から組織変革をしたくてもなかなか重い腰の上がらなかった保守的な組織が、工場火災を契機に拘束力が解かれ、新しいビジョンを見据えた大胆な改革に乗り出すことができた。

もちろん「災害」という特殊なできごとだけがバウンスフォワードを起こすきっかけとなるわけではない。チャンスは他にもある。例えば買収や合併による組織の再編、企業業績が劇的に悪化して組織の内外からはげしい改革や刷新を望む声が起こったとき、あるいは何か大きな不祥事によって著しくブランドを失墜したときなど。このような場合にも、十分にバウンスフォワードを起こす契機となり得るのである。

《鉄則のまとめ》

【鉄則９】組織レジリエンスの特徴の一つ目は
「共感力とコミュニケーション力」
これらは、相手を同じ目線で理解するとともに、組織内部では同期力や連携力を生みだす。

【鉄則10】組織レジリエンスの特徴の二つ目は
「わかりやすい理念が組織全体に浸透していること」
空洞化した理念は万一の際には組織を混乱に陥れる。

【鉄則11】組織レジリエンスの特徴の三つ目は
「上層部が自己変革意識を持ち続けること」
自己変革意識は危機の到来をチャンスに変える力を持っている。

レジリエンスが活躍する世界は限りなく広い——あとがきに代えて

リスクマネジメントや事業継続マネジメントといった、いわば企業の危機管理の仕事を専らにしている私が、初めてレジリエンスという言葉に興味を持ったきっかけは、次のようなことからだった。

「危機」は実にさまざまな形をとる。どんなにメッシュの網目を埋めるようにきめ細かな対策を講じても、いわば想定外という形で、起こるときは起こる。理由などない（後知恵で未然に防ぐための説明をつけることは可能だが）。それが危機である。

そんな神出鬼没の危機に見舞われてもいち早く対処し、そこからすばやく立ち直り、あるいは乗り越え、生き延びる企業とそうでない企業ではどこに違いがあるのだろうか。

例えば企業の自然災害への対応を考えてみる。防災対策の充実、データのバックアップ、重要設備の二重化といったハード対策だけだろうか。完璧なＢＣＰ（事業継続計画）をつくることだろうか。あるいは毎日のように訓練することだろうか。いや何かが違う……。

このようなことを考えているうちに、企業が危機を乗り越えられるのは、けっきょく組織として最適な行動をとれる「人間力」によるものではないか、と思うようになったのである。ではその人間力とは何なのか。このように思いはじめた矢先に出会ったのが、心理学におけるレジリエンスという力だった。

そして、いろいろ調べていくうちに、レジリエンスは単に個人の回復力としてだけでなく、組織の行動をよりよい方向に導く要素も持ち合わせていることがわかったのである。

読者のなかには、本書に自己啓発や処世術を期待された方がいるかもしれないが、かなり危機管理や組織論的な視点を意識して書いた部分が少なくない。自己啓発や処世術としてのレジリエンス本は多数刊行されているが、本書のようなアプローチのレジリエンス本は見かけない。その意味で、私的には「心のＢＣＰを模索するための本」とでも呼ぶと、しっくりくるように思う。

本書の読者は基本的にビジネスパーソンを想定しているが、学業に励んでいる人や就職活動中の人などにも役立つと思う。自分がやり遂げたいと願う目標を阻む心理的な要因は、すべて危機、もしくはリスクとみなすことができるだろうから。

と、このように書きながら気づいたことがある。これからの時代、実にさまざまな問題や課題が山積していることを考えると、レジリエンスが活躍する世界は限りなく広い、と思うのである。

少子高齢化、地域格差、世代間格差、貧富の格差。世界を見れば、先進国のみならず多くの新興国がわれわれもとマネーゲームに奔走し、希少な資源を食いつぶしている。地殻変動は地球規模で活動期に入ったといわれる。地球温暖化がもたらす異常気象はこれからもっとシビアなものになる。自然災害発生の頻度が増えているのもうなずけるというものだ。福島原発事故は、どんなに権威ある第三者が「安全である」とお墨付きを与えたものでも、しょせん〝神話〟でしかないことを露呈した。

こうした時代の到来に正面から向き合い、数々の危機を乗り越えられるのはテクノロジーでもお金の力でもない。

私たちの心の底にしのばせた、レジリエンスというオールマイティな力を置いて他にはないのである。

著者

生まれる日本企業は組織のサイロ化を解消せよ」の記事（http://www.dhbr.net/articles/-/2854）より。

［2］ 小松丈晃著『リスク論のルーマン』（勁草書房）の160ページを参照。同書によれば、この概念はもともとジェームス・マーチとハーバード・サイモンによって提起されたもので、「不確かさ吸収」の日本語訳が充てられている。しかし、この日本語訳をそのまま使うと、本書の文脈の中ではいま一つ意味が通りにくく、しっくりこないため、あえて「〝決定事項〞のリスク」と読み換えて表記することとした。

［3］ 「レジリエンスという言葉をご存じですか？ - 個人から、地域、環境まで、求められるしなやかな強靱さ」の記事（http://www.kankyo-job.net/library/topics16_25.html）より。2014年11月に起こった長野県神城断層地震では、白馬村などが甚大な被害を受けながら、住民同士の助け合いにより一人の犠牲者も出していない。ここにも、長洞地区住民と同じようなレジリエントなコミュニティ力を見ることができる。

［4］ フジテレビ系列『Mr.サンデー』7万人の命守った危機対応 3.11 ディズニーの真実（2011年5月9日（日））、日経ビジネスオンライン「3.11もブレなかった東京ディズニーランドの優先順位」（http://business.nikkeibp.co.jp/article/manage/20110512/219929/）、『9割がバイトでも最高のスタッフに育つ ディズニーの教え方』（福島文二郎著、中経出版）を参考とした。

［5］ ダイヤモンドオンライン「震災の大混乱で格差が際立った小売り大手の商品調達力」（http://diamond.jp/articles/-/12177）より。

［6］ 『ORGANISATIONAL RESILIENCE ― Position Paper for Critical Infrastructure　Australian Case Studies』―Case7:the electronic design and manufacturing company（Australian Government）

リグマン博士の寄稿はどれも読んでためになる→The Positive Psychology Center at University of Pennsylvania（http://www.ppc.sas.upenn.edu/aboutus.htm）

[3] この考察にあたっては、私は『レジリエンスの教科書』（カレン・ライビッチ／アンドリュー・シャテー共著、宇野カオリ訳、草思社刊）に見られる「氷山思考」と呼ばれる考え方を手がかりにした。

[4] これもカレン・ライビッチらによる方法をヒントにしたものである。

[5] 『潰れてたまるか！ ピンチをチャンスに変えた10社』（影山惠子著、CCCメディアハウス）―9. 赤字決算から始まった〝素人社長〟の改革

第3章

[1] キャロル・S・ドゥエック著『「やればできる！」の研究』（今西康子訳、草思社）

第4章

[1] http://wired.jp/2014/07/27/stuart-diamond/。スチュアート・ダイアモンドは『ウォートン流 人生のすべてにおいてもっとトクをする新しい交渉術』（櫻井祐子訳、集英社）も書いている。

[2] http://wired.jp の2010年10月4日付け記事：「「集団的知能」を決めるのは「個々のIQ」より社会性」より

[3] 『プロジェクトX 挑戦者たち〈15〉技術者魂よ、永遠なれ』―家電元年最強営業マン立つ～勝負は洗濯機（NHK「プロジェクトX」制作班編集、NHK出版）より抜粋・要約。

[4] 同書―「男たちの復活戦 デジタルカメラに賭ける」より抜粋・要約。

第5章

[1] ハーバード・ビジネス・レビュー「イノベーションは消費者から

註・参考文献

第1章

［1］「Lessons in resilience from the holocaust」(https://mbs.edu/news/lssons-in-resilience-from-the-holocaust)。ホロコースト体験者の記録として有名なものでは『夜と霧 新版』(ヴィクトール・E・フランクル著、池田香代子訳、みすず書房)や『アンネの日記』(アンネ・フランク著、深町眞理子訳、文春文庫)などがある。

［2］「津波に耐えたハマナデシコ、「絶滅」発表覆す」(読売新聞 2012年7月24日㈫8時10分配信)

［3］「ローカス・オブ・コントロール(Locus of Control)」という心理学用語は、日本語では「統制の所在」と訳されているが、これでも意味を汲み取るにはやや難しいと思われたので、以下、英語の略称ＬＯＣで統一している。

［4］American Psychological Association (APA) ―「FYI: Building Your Resilience」(http://www.apapracticecentral.org/outreach/building-resilience.aspx)

第2章

［1］「Big Think Interview With Laurence Gonzales」(http://bigthink.com/videos/big-think-interview-with-laurence-gonzales)。ローレンス・ゴンザレスは名著『Deep Survival: Who Lives, Who Dies, and Why』(W. W. Norton & Company; Reprint edition 2004)の著者でもある。

［2］ポジティブ心理学の権威、マーティン・セリグマン博士らによる方法を参照。『オプティミストはなぜ成功するか』(マーティン・セリグマン著、山村宜子訳、講談社文庫)などの著書もある。セ

リーダーのためのレジリエンス　11の鉄則

発行日　2015年　8月　30日　第1刷

Author　昆 正和

Book Designer　水戸部功

Publication　株式会社ディスカヴァー・トゥエンティワン
〒102-0093　東京都千代田区平河町2-16-1 平河町森タワー11F
TEL　03-3237-8321（代表）
FAX　03-3237-8323
http://www.d21.co.jp

Publisher　干場弓子
Editor　林秀樹　三谷祐一

Marketing Group
Staff　小田孝文　中澤泰宏　片平美恵子　吉澤道子　井筒浩　小関勝則　千葉潤子
飯田智樹　佐藤昌幸　谷口奈緒美　山中麻吏　西川なつか　古矢薫　伊藤利文　米山健一
原大士　郭迪　松原史与志　蛯原昇　中山大祐　林拓馬　安永智洋　鍋田匠伴　榊原僚
佐竹祐哉　塔下太朗　廣内悠理　安達情未　伊東佑真　梅本翔太　奥田千晶　田中姫菜
橋本莉奈　川島理　倉田華　牧野類　渡辺基志
Assistant Staff　俵敬子　町田加奈子　丸山香織　小林里美　井澤徳子　橋詰悠子
藤井多穂子　藤井かおり　葛目美枝子　竹内恵子　清水有基栄　小松里絵　川井栄子
伊藤由美　伊藤香　阿部薫　常徳すみ　三塚ゆり子　イエン・サムハマ

Operation Group
Staff　松尾幸政　田中亜紀　中村郁子　福永友紀　山﨑あゆみ　杉田彰子

Productive Group
Staff　藤田浩芳　千葉正幸　原典宏　石橋和佳　大山聡子　大竹朝子　堀部直人　井上慎平
松石悠　木下智尋　伍佳妮　賴奕璇

Proofreader　鷗来堂
DTP　アーティザンカンパニー株式会社
Printing　大日本印刷株式会社

ISBN978-4-7993-1755-6